LES ALPES

GLACIER DE GRINDELWALD

LES ALPES

ÉTUDES ET SOUVENIRS

NEUVIÈME ÉDITION

PARIS

LIBRAIRIE HACHETTE ET Cⁱᵉ

79, BOULEVARD SAINT-GERMAIN, 79

1904

AVANT-PROPOS

À LA JEUNESSE

Ce livre n'est ni un Guide, ni un récit de voyage, ni encore moins un travail scientifique. C'est le résumé, sous une forme familière, de ce que j'ai pu recueillir d'intéressant sur les Alpes ou à propos des Alpes, en les parcourant à pied chaque année depuis trente-cinq ans, en tâchant de comprendre ce que je voyais et d'apprendre ce que j'ignorais.

Pour admirer les Alpes, il suffit d'avoir des yeux et de bonnes jambes. Pour comprendre ce monde aussi extraordinaire que beau, une certaine préparation n'est pas inutile. Il en est un peu de la montagne comme de la musique. La première audition d'une symphonie de Beethoven est une étude; les suivantes sont un bonheur, puis une passion. Ainsi des voyages alpestres.

Après avoir reconnu les heureux effets de ces voyages, après avoir acquis la preuve qu'il n'y a rien au monde qui soit meilleur pour l'esprit comme pour le corps, j'ai cherché à donner cette conviction à mes élèves — quand j'en avais —

Je cherche aujourd'hui à détourner ceux-ci vers les autres,
en recevant ce livre. C'est encore un moyen de faire de la
propagande en faveur des voyages d'écoliers en vacances,
ou caravanes scolaires, que j'ai contribué à introduire en
France et à organiser.

Je dois toutefois prémunir la jeunesse contre un danger
possible. Il y a un mal que les médecins étudient, décri-
vent et ne guérissent pas. On l'appelle le mal des montagnes. Ses effets ressemblent un peu à ceux du mal de mer,
mais ne se font sentir qu'à de grandes altitudes : 3500, 4000
mètres au-dessus du niveau de la mer, selon les tempé-
raments; et encore tous les grimpeurs n'y sont pas
sujets.

Mais il est une variété du mal des montagnes qui atteint
à peu près tous les voyageurs, et dont on ne souffre, au
contraire de l'autre, que dans la plaine. Les symptômes
apparaissent chez les malades à époques fixes, comme les
fièvres intermittentes, d'ordinaire vers le mois de juin, et
vont en s'aggravant jusqu'à la fin de l'été. Je les ai observés
sur mes amis et sur moi.

Ils n'en mouraient pas tous, mais tous étaient frappés.

Ce mal des montagnes — le vrai — c'est la nostalgie des
Alpes, c'est notre mal du pays, c'est le besoin irrésistible
de revoir chaque année

Ce monde toujours beau
Toujours divers, toujours nouveau.

En signalant le mal, je puis heureusement indiquer le
remède, qui est facile, agréable et sûr. La guérison commence dès que nous mettons le pied dans le wagon qui nous

emporte en Savoie, dans le Dauphiné ou en Suisse : aux Alpes, qui nous attirent et nous fascinent.

C'est à ceux qui n'ont pas encore éprouvé ce mal des montagnes, mais qui l'éprouveront à leur tour, je l'espère et le souhaite pour eux, que j'adresse ce livre écrit entre deux voyages.

La première partie contient quelques notions générales que j'aurais bien voulu avoir lorsque je visitai les Alpes pour la première fois. Dans la seconde partie j'ai tâché de donner, non une description, mais une idée des beautés admirables et variées qu'offrent les Alpes françaises, celles dont je recommande surtout la visite à la jeunesse française.

LES ALPES

CHAPITRE PREMIER

ASPECT GÉNÉRAL DE LA CHAINE DES ALPES.

« Si de Milan, comme centre, on décrit avec la pointe d'un compas un demi-cercle, de la Méditerranée à l'Adriatique, ou à la chaîne des Alpes. » Cette définition géométrique est exacte, mais il faut que le compas soit assez grand pour décrire un demi-cercle de 1200 kilomètres. Le géographe qui l'a donnée, c'est le vainqueur de Rivoli et de Marengo ; et il avait étudié à fond, sur la carte et sur le terrain, le pays qui fut le théâtre de ses premiers succès. L'exactitude de sa définition vous sautera aux yeux, si vous avez le bonheur de monter, par une belle matinée d'été, sur les terrasses de marbre blanc qui couronnent le Dôme ou la cathédrale de Milan. Là ce qui vous frappera tout d'abord, ce n'est pas la grande et belle ville étendue à vos pieds. Ce n'est pas la verte plaine de la Lombardie se déroulant à perte de vue. C'est la barrière gigantesque qui ferme l'horizon de tous les côtés, celui du midi excepté. Cette barrière demi-circulaire, c'est la chaîne des Alpes. C'est le mur de clôture de ce beau jardin qu'on appelle l'Italie ; mur mitoyen avec la France, la Suisse et l'Autriche, mur comme on n'en voit nulle part : 1200 kilomètres de développement, du golfe de Gênes à Trieste ; une épaisseur qui varie de 50 à 350 kilomètres ; une hauteur moyenne de 3000 mètres,

avec un couronnement de glace éblouissante sur la crête, la
clôture est digne du jardin.

La première fois qu'il me fut donné de jouir de ce grand
spectacle, comme je ne pouvais contenir l'admiration dont j'étais
transporté : — « C'était bien plus beau dernièrement, me dit un
jeune homme qui se tenait à quelques pas, regardant tristement, non les Alpes comme moi, mais la ville de Milan. — Et
qu'y avait-il donc de plus? — Il y avait là (et il me montrait
la flèche qui surmonte le Dôme) le *drapeau italien!* » Nous
étions au mois d'août 1849. Les Autrichiens — *i Tedeschi* (les
Allemands), comme disaient alors les Italiens, avec quel
accent! — venaient de rentrer en conquérants et en maîtres dans
l'héroïque et malheureuse capitale de la Lombardie, qui ne
redevint italienne que dix ans plus tard, après que nos soldats
eurent arrosé de leur sang le champ de bataille de Magenta.
Substituez par la pensée la cathédrale de Strasbourg au Dôme
de Milan, 1871 à 1849, un Alsacien au Milanais, et vous par-
tagerez l'émotion douloureuse que trahissait ce mot : « Il y avait
là le drapeau italien ! »

Revenons à notre panorama, et étudions-le sur le plan en relief
naturel qui se dresse devant nous de profil. Si nous nous tour-
nons vers le sud-ouest, nous remarquons comme un vide ou
une solution de continuité entre deux chaînes de montagnes.
Ce vide, qui n'est que relatif, c'est le col de Cadibone, situé au-
dessus de Savone, entre Gênes et Nice, à 490 mètres au-dessus
de la Méditerranée. C'est le point où commencent : à droite, la
chaîne des Alpes, que nous allons suivre; à gauche, celle des
Apennins, que nous voyons fuir et se perdre au sud. C'est
la porte par laquelle Bonaparte, à l'aurore de sa gloire, pénétra
dans la plaine de l'Italie pour la belle campagne de 1796.
« Annibal a franchi les Alpes; nous les avons tournées, disait-il
à ses soldats, des hauteurs de Montenotte. » Il devait les fran-
chir à son tour, quatre ans plus tard, non seulement comme
Annibal, mais aussi comme Charlemagne, Charles VIII, Louis XII

et François Ier, qu'il aurait pu nommer, parlant à une armée française. Mais alors il était général de la République, et *Napoléon ne perçait pas encore sous Bonaparte.*

Du col de Cadibone, la chaîne des Alpes, se découpant sur le ciel, monte graduellement vers le nord-ouest jusqu'à une échancrure qui est déjà à 1795 mètres. C'est le *col de Tende*, où passe la route de Nice à Turin, que nous suivrons plus tard. Puis s'élevant toujours, elle arrive à une magnifique pyramide, qui s'élance d'un jet dans le ciel, à la hauteur de 3836 mètres. C'est le mont Viso, borne colossale de la première section des Alpes, longue de 200 kilomètres, que les Romains appelaient, et que nous appelons comme eux, les *Alpes Maritimes.* Cette division, comme les suivantes, est toute de convention; mais elle est consacrée par l'usage et commode pour se reconnaître.

A droite du Mont Viso, d'où se précipite le grand fleuve du Pô, se dessine une suite de brèches et de cimes blanches, parmi lesquelles nous reconnaissons : le mont Genèvre, par lequel passe la route de Grenoble à Turin ; le mont Tabor, puis à un coude le mont Fréjus, sous lequel est percé le grand tunnel appelé à tort le tunnel du Mont-Cenis, lequel est à 27 kilomètres plus loin. Il sert de limite à la deuxième section, longue de 120 kilomètres, celle des *Alpes Cottiennes,* ou Alpes de Koth, chef des peuplades gauloises qui occupaient le pied de ces montagnes. Maître des passages qui donnaient de ce côté accès de l'Italie dans la Gaule, on comptait avec lui, comme avec tous ceux qui tiennent les clefs. Auguste lui fit des avances, et Claude érigea sa principauté en royaume. C'est ainsi — non que je veuille établir une comparaison irrévérencieuse — que les ducs de Savoie, appelés familièrement les portiers des Alpes, devinrent au commencement du xviiie siècle rois de Piémont, en attendant l'occasion de détacher les autres *feuilles de l'artichaut italien.*

Du mont Cenis, faisant une enjambée de 100 kilomètres par-dessus les *Alpes Grées ou Graïes*[1], nous arrivons au mont Blanc.

1. Ainsi appelées, dit-on, du mot celtique *Kraig,* rocher ; comme les Alpes du

LE MONT ROSE.

Saluons le roi des Alpes. À tout seigneur tout honneur, comme on disait autrefois. Nous sommes mal placés à Milan pour lui présenter nos respects. Il est trop loin de nous, et presque entièrement masqué par le puissant massif du Grand Paradis. Mais il passe sa tête par-dessus, pour regarder en Italie, comme il regarde en France et en Suisse. Il est, non le centre des Alpes, mais le point culminant de la chaîne, comme de l'Europe (4812 mètres).

Nous avons vu les Alpes s'élever graduellement de la Méditerranée jusqu'à lui. Elles vont maintenant s'abaisser du côté de l'Adriatique, abaissement peu sensible pendant longtemps. Car, rangés à la suite du roi des Alpes, et formant comme sa cour, se dressent à l'envi une foule de colosses, dont quelques-uns lui cèdent de bien peu en grandeur : le Velan et le Combin, qui dominent le passage du Grand Saint-Bernard ; le Cervin, la pyramide la plus extraordinaire des Alpes ; le mont Rose, qui étale pour le plaisir des yeux sa blanche couronne aux sept pointes et son éventail de glaciers ; le Mischabel, la plus haute montagne de la Suisse (le mont Blanc est français, et le mont Rose italien) ; le Weismies, un bloc de diamant ; le Fletschorn et le Monte-Leone, qui dominent à droite et à gauche le passage du Simplon ; enfin, plus loin, le massif du Saint-Gothard. Et ce n'est pas le fond du tableau ! Là-bas, sur un plan plus éloigné, nous voyons pointer les cimes blanches d'une autre chaîne, celle des Alpes Bernoises : le Finsteraarhorn, la Jungfrau, etc. — Que de noms, dira-t-on, et quels noms ! Comment les retenir ? Comment distinguer les unes des autres toutes ces cimes, aux noms effrayants comme elles ? Rien ne ressemble à une montagne comme une montagne. — Erreur. Dans les Alpes, chacune a sa forme, sa physionomie, sa personnalité. On peut en donner le signalement avec les signes particuliers, mieux qu'on ne faisait autrefois sur les passeports pour les voyageurs.

mot *Alp*, blanc. Quand nous disons les Alpes, c'est donc comme si nous disions : les montagnes Blanches.

Quand elles vous ont été présentées, vous ne pouvez plus les
oublier. On les reconnaît, du plus loin qu'on les aperçoit.
Ce sont de fidèles amis, ayant parfois leurs moments de mauvaise humeur. Qui n'en a pas ?

La section des Alpes où se dressent tous ces géants, et qui
s'étend sur une longueur de 200 kilomètres, du mont Blanc
au Saint-Gothard, est celle des *Alpes Pennines*. Elle a pris
le nom du dieu gaulois Penn, que nos ancêtres adoraient
comme le dieu des montagnes. Admis dans le panthéon romain,
après la conquête des Gaules, il fut transformé en Jupiter
Pennin. Ce culte de nos ancêtres pour la montagne, après une
longue interruption, a repris de nos jours une ferveur nouvelle. En cela, comme en tout, nous nous honorons d'être
les fils des Gaulois.

On a dit qu'on parle toujours du Gothard et qu'on ne le voit
jamais. Ceux qui ont émis ce paradoxe ne l'ont pas regardé du
Dôme de Milan. Il est juste en face, au nord, formant le centre
du panorama, comme il forme le centre des Alpes. Ce n'est pas
une cime plus ou moins remarquable, c'est un énorme massif,
qui sert de nœud à toute la chaîne. C'est de là que, rayonnant
dans tous les sens, les Alpes étendent leurs ramifications non
seulement en Suisse, en France et en Italie, mais en Allemagne,
en Autriche, et jusque dans la Grèce et la Turquie. C'est de là
que s'élancent aux quatre points cardinaux le Rhône, le Rhin,
l'Aar, la Reuss, la Tosa et le Tessin, qui portent leurs eaux à la
Méditerranée, à la mer du Nord et à l'Adriatique. D'autres
montagnes sont plus élevées; aucune n'est aussi importante
que le Gothard. Nous y reviendrons, en suivant la route qui le
traverse et qui est aujourd'hui remplacée par un chemin de fer.

A sa droite et à peu de distance se dressent, dans la section
des *Alpes Centrales*, les massifs du Rheinwald ou de l'Adula,
du Bernardin et du Splugen :

> Au pied du mont Adule, entre *mille roseaux*,
> Le Rhin, *tranquille* et fier du progrès de ses eaux...

Assurément Boileau connaissait mieux le Parnasse que les Alpes — mais qui les connaissait de son temps? — Il ignorait qu'au pied du mont Adule on trouve, en fait de roseaux, un glacier d'où s'élance le Rhin. *Fier du progrès de ses eaux*, certes, il peut l'être justement. Mais *tranquille !* Les milliers de touristes qui, chaque année, admirent dans la Via Mala, à deux pas de sa source, les bonds qu'il fait, en mugissant, dans des abîmes profonds de 150, mètres sont suffisamment édifiés sur sa tranquillité !

Entre les massifs très rapprochés du Bernardin et du Splugen, nous voyons de notre observatoire les profondes et étroites vallées par lesquelles débouchent les deux belles routes qui descendent du canton des Grisons (Suisse) sur le lac Majeur et le lac de Côme.

Après le Splugen, au Septimer, finit la section des *Alpes Centrales* et commence celle des *Alpes Rhétiques*, où vint, dit-on, s'établir jadis une colonie étrusque conduite par Rhétus. Si nous franchissions le *mur* par un des passages de cette section longue de 220 kilomètres, par exemple par le col du Brenner, nous nous trouverions, non plus en Suisse, mais dans le Tyrol autrichien. Ce qui de ce côté attire et absorbe notre attention, ce sont les deux admirables massifs du Bernina et de l'Ortler. Le premier, par la hauteur de ses cimes, la grandeur et la beauté de ses splendides glaciers, rivalise avec le mont Blanc et le mont Rose. C'est dans un pli, près de la source de l'Inn, que se trouve le grand affluent du Danube et le village de Pontresina, inconnu naguère, aujourd'hui un des quartiers généraux des alpinistes, comme Chamonix et Zermatt. A la droite de la Bernina se dresse fièrement l'Ortler, aux formes harmonieuses, sur le flanc duquel serpente la route du Stelvio, la plus élevée de l'Europe. L'Ortler et le Viso, ces deux superbes pyramides, se font pendant à 800 kilomètres de distance, aux deux extrémités de la plaine du Piémont et de la Lombardie.

2

A l'Ortler, flanqué de l'Adamello, comme lui éblouissant de blancheur, se termine le panorama que nous embrassons du Dôme de Milan. Le regard ne s'étend pas plus loin. La dernière partie de la chaîne des Alpes — 200 kilomètres environ sur 1 200 — s'enfonce et disparaît à l'horizon dans la direction du sud-est. Pour la suivre jusqu'au bout il faudrait nous transporter de Milan à Venise et monter à un autre belvédère non moins beau que le Dôme, au Campanile ou clocher de Saint-Marc[1]. Là nous verrions les *Alpes Carniques et Juliennes* contourner, à partir du col du Brenner, la Vénétie et le Frioul, et venir, en s'abaissant graduellement, terminer sur le plateau de la Carniole et dans l'Adriatique, au delà de Trieste, l'immense demi-cercle dont nous avons suivi le développement depuis le golfe de Gênes.

De notre observatoire, nous ne pouvons saisir que l'ensemble et les grandes lignes de l'immense tableau au centre duquel nous sommes placés. Nous ne voyons ni ces zones diverses qui, étagées sur les flancs des Alpes, présentent la végétation et les climats de toutes les parties de l'Europe, ni cette ceinture de villes pittoresques blotties au débouché de chaque vallée, ni ces lacs enchanteurs où se calment plusieurs des fleuves qui, descendus des glaciers, font du Piémont et de la Lombardie la plaine la mieux arrosée et la plus fertile du monde. Tout cela veut être admiré de près.

Les Alpes offrent à leurs visiteurs des tableaux plus émouvants dans des cadres plus restreints. Nulle part, à mon avis, on ne peut mieux que du Dôme de Milan saisir l'aspect général de la chaîne presque entière, comprendre sa division en un grand nombre de massifs distincts, mais reliés entre eux d'une manière continue; en un mot, embrasser d'un coup d'œil un panorama plus vaste, plus beau et plus instructif.

1. Le Campanile s'est écroulé le 12 juillet 1902; on le reconstruit tel qu'il était.

CHAPITRE II

> Monts gelés et fleuris, trône des deux saisons,
> Dont le front est de glace et les pieds de gazons.
>
> A. DE VIGNY.

Ces deux vers — si on les traduit en prose, avec quelques
commentaires[1] — peuvent donner une idée de la prodigieuse
diversité d'aspects et de végétation qu'offrent les Alpes. Leur
élévation fait qu'il y règne en même temps, non pas deux
saisons, mais les quatre saisons de l'année, et que tous les
climats de l'Europe sont échelonnés sur leurs flancs. Autant de
climats que d'étages — des étages de deux à trois mille pieds —
dont chacun a sa physionomie et comme ses habitants. Au rez-
de-chaussée, les cultures les plus variées ; au premier
étage, les forêts ; au second, les pâturages ; au troisième,
les rochers et les neiges éternelles : quatre zones de végétation
bien distinctes. Où commence, où finit chacune d'elles, impossible de le dire d'une manière générale et précise. La nature ne
fait pas de sauts. En outre, suivant que les vallées sont plus
ou moins élevées, orientées dans un sens ou dans l'autre,
exposées au nord ou au midi, la vie s'y développe à des altitudes
bien différentes. Ainsi, sur le versant italien, la vigne mûrit

1. Leur vrai commentaire est dans l'admirable ouvrage de F. Tschudi (*le
Monde des Alpes*), œuvre d'un naturaliste et d'un poète. C'est, avec le livre classique de Saussure et celui de Töpffer, le fond de la bibliothèque d'un alpiniste.

jusqu'à 900 mètres; elle s'arrête à 500 sur le versant septentrional. De même pour les autres cultures. On admet généralement que la limite inférieure des neiges persistantes est à 2700 mètres au nord, à 2800 au midi. Mais les glaciers descendent bien plus bas, dans les vallées de Chamonix et de Grindelwald, entre autres. Il y a une trentaine d'années, avant leur grand mouvement de recul, leurs blanches aiguilles touchaient presque les cerisiers, à 1000 ou 1100 mètres; et l'on montait quelquefois sur des blocs de glace pour cueillir les cerises. Rien n'est donc fixe dans la mesure des zones. Tout dépend des conditions locales. Mais si l'on ne tient pas compte de quelques exceptions, et qu'on établisse une moyenne, on peut dire que les cultures montent jusqu'à 1200 mètres, les forêts à 1800 et les pâturages à 2800, où commence l'éternel hiver. Ainsi, en faisant une ascension très ordinaire, très facile, de 2800 ou 3000 mètres, on passe en quelques heures, sans transition brusque, avec peu de fatigue et de dépense, de France ou d'Italie... en Laponie. Le ballon qui, parti de Paris pendant le siège, alla tomber en Norvège, a fait aussi ce trajet vite. Écoutez la plus grande autorité en matière de géographie botanique, M. Ch. Martins, l'auteur du beau livre *du Spitzberg au Sahara*, qui a fait, avec MM. Bravais et Lepileur, une célèbre ascension scientifique au mont Blanc:

« Le botaniste qui, partant du pied des Alpes, monte sur un de leurs sommets, traverse des climats analogues à ceux qu'il rencontrerait en marchant vers le nord sans quitter la plaine. A mesure qu'il s'élève, la température s'abaisse rapidement en été, plus lentement en hiver, mais en moyenne d'un degré centigrade pour 180 mètres de hauteur verticale. Le voyageur trouve donc un climat analogue, soit en s'élevant de 180 mètres, soit en s'avançant dans les plaines de la France de 22 myriamètres vers le nord. Il traverse aussi des zones de végétation semblables. » Il n'est pas nécessaire — heureusement — d'être un botaniste comme M. Ch. Martins pour jouir de ces surprises, qui ne sont pas un des moindres charmes des excursions dans les Alpes. Pour nous, pour le commun des voyageurs, tout nous avertit, au fur et à mesure que nous montons, du changement de pays : la température, les arbres, les plantes et les animaux.

La manière la plus agréable de faire le voyage d'Italie en Laponie, c'est de passer le col si fréquenté de Saint-Théodule, en allant de Châtillon, dans le val d'Aoste, à Zermatt ou réciproquement (Suisse). Mettons-nous en route ; nous ferons, en marchant, de l'histoire naturelle sans le savoir. A Châtillon nous sommes au rez-de-chaussée des Alpes — un rez-de-chaussée élevé de 530 mètres. Autour de nous, une végétation tout italienne et des vignes en terrasses qui produisent l'excellent vin de Chambave, très renommé en Piémont. Engageons-nous dans le Val Tornanche, chemin direct du col et des régions arctiques. A mesure que nous montons le long du torrent, la vigne devient de plus en plus rare et fait place aux prairies, aux cultures de blé, de seigle ou d'orge. Aux céréales succède une magnifique forêt de châtaigniers, arbre qui se plaît au pied des Alpes italiennes et y atteint des proportions colossales. A la descente du Bernardin, dans le Val Misocco, on en remarque un, entre autres, dont le tronc a quarante-deux pieds de circonférence. Sur le versant français ou suisse ce sont les noyers qui à cette altitude font pendant au châtaignier italien, et il y en a également de si gros, qu'en Suisse un seul est parfois indivis entre deux ou trois propriétaires. Les châtaigniers nous abandonnent à leur tour, mais non d'autres essences, le hêtre surtout, qui dans les forêts de montagnes remplace le chêne de nos plaines. Peu à peu apparaissent les sapins, d'abord mélangés à d'autres arbres, puis seuls et dressant par milliers leurs tiges élancées, au pied desquelles les buissons de myrtiles nous offrent leurs fruits.

Nous sommes au premier étage des Alpes, dans la *région forestière*, qui monte jusqu'à la lisière des pâturages, abritant et nourrissant tout un monde. Dans ce monde de la forêt ce sont les oiseaux qui occupent la première place et apportent la gaieté et le mouvement. Bien peu sont à demeure fixe, ou sédentaires. La plupart (230 espèces environ) sont des nomades, des alpinistes comme nous, faisant chaque année leur voyage de Suisse. Mais, plus heureux que nous, ils voyagent gratuitement et trouvent, dans des *pensions* non moins gratuites, bon logis et bon souper. Qui sait? ils ont peut-être aussi leurs clubs alpins. En tout cas, chaque espèce tient son assemblée générale. Mais hélas! des milliers d'oiseaux qui assistent à la dernière, avant de partir pour passer l'hiver en Afrique, ne répondront pas à l'appel du printemps suivant. Les Italiens, qui les guettent à leur passage, font un véritable massacre de ces innocents.

La forêt n'est pas seule peuplée. Dans le torrent qui bondit au travers des arbres pullule un autre nomade : la truite, ressource de la cuisine alpestre. Le torrent a beau faire des bonds et des cascades. La truite, encore plus leste que lui, les remonte en un saut ou deux, en attendant qu'elle saute pour la dernière fois dans la casserole de l'aubergiste de Val Tornanche ou du Breuil.

Nous voici sortis de la forêt. Le mélèze, le plus gai des arbres verts, puis l'arole, ont disparu. Des arbustes rabougris, et les premiers buissons de rhododendrons, nous avertissent, non moins que l'air frais et vivifiant, que nous sommes arrivé au deuxième étage : à la région des *alpes*, c'est-à-dire « de ces prairies alpines, rases, serrées, d'un vert foncé, émaillées de fleurs, dans lesquelles des milliers de troupeaux passent l'été; de ces pentes gazonnées, exposées à un brillant soleil, où retentissent les *jodels* des bergers et le bruit des sonnailles, où le chamois se rencontre avec la chèvre, où la marmotte dans ses débats fait partir la perdrix des neiges, où le lammergeier enlève le lièvre des Alpes dans ses redoutables serres [1] ». La neige est à peine fondue, vers la fin de juin, que ces pentes gazonnées se transforment à vue d'œil en un immense parterre épanoui

1 Tschudi.

GROUPE D'AROLES.

Fleurs partout sous nos pas et parfums dans les airs.

Pour les botanistes, c'est le paradis terrestre. Mais on n'a pas besoin d'avoir leur science pour reconnaître, pour moissonner par brassées, dans ces plates-bandes naturelles, les plus répandues, et non les moins belles, de ces fleurs : le rhododendron d'abord, la rose des Alpes, reine de la flore alpine. En juillet, et quelquefois encore en août, si l'été est tardif, lorsque à perte de vue et jusqu'à la limite des neiges ses buissons d'un vert foncé sont couverts de milliers de roses épanouies ou à-demi écloses, le coup d'œil est enchanteur.

Quand le rhododendron finit, vers 2500 mètres, commence l'*edelweiss*, que les botanistes appellent pied-de-lion (Leontopodium). C'est, à vrai dire, une étoile de velours gris argenté. Jadis les fiancés devaient offrir à leurs promises un bouquet d'edelweiss cueilli, *disaient-ils*, au péril de leur vie. Ils surfaisaient singulièrement leur courage et leur galanterie. Plus tard cette fleur a été adoptée comme l'emblème des alpinistes. Mais les touristes fashionables trouvant plus commode de l'acheter que d'aller la chercher eux-mêmes, elle est devenue un objet de commerce, et aujourd'hui elle est presque introuvable dans les montagnes à la mode. Les Clubs Alpins de Suisse et d'Allemagne se sont émus, et, sur leur demande, les gouvernements des deux pays ont défendu, sous peine d'amende, la vente de l'edelweiss avec ses racines. Autour du rhododendron et de l'edelweiss brillent à l'envi, dans le parterre, des milliers d'autres fleurs, d'une variété inouïe de formes et de couleurs, dont chacune a sa saison et ses endroits de prédilection, telles que la grande et la petite gentiane, les anémones, etc. Les noms seuls rempliraient des pages.

Mais ce n'est pas seulement pour le plaisir des yeux que Dieu a semé à profusion toutes ces plantes et ces fleurs : c'est en même temps une table toujours et abondamment servie pour des convives aussi affamés que nombreux. La montagne serait triste

UNE ALERTE.

et inanimée, si de tous les côtés le tintement joyeux des sonnailles n'annonçait de loin la présence de ces nombreux troupeaux qui y passent l'été, montant de pâturage en pâturage.
Approchons sans crainte, à moins que le taureau ne nous
regarde sournoisement en poussant de sourds mugissements;
auquel cas il est prudent de passer à distance respectueuse.
Remarquez qu'une des vaches se promène fièrement, portant la plus grosse cloche. C'est la vache maîtresse (Heerkuh).
Elle le sait, et à chaque déménagement du troupeau elle prend
la tête de la colonne; aucune n'oserait lui disputer le pas.
Jamais elle ne se démet volontairement de la dignité prési-
dentielle. Vient-elle à la perdre, vaincue par une plus forte,
elle se soumet et dépérit.

Cette cabane basse d'où la fumée s'échappe, non par une cheminée, mais par le toit chargé d'énormes pierres, c'est le *chalet*, non celui des romances, mais le vrai, où deux ou trois hommes demeurent pendant la saison pour fabriquer ces meules de
fromages qu'ils rangent sur des étagères, en attendant qu'ils les
descendent à la fin de septembre. « Chantez les chalets, mais
ne les habitez pas, » a dit Chateaubriand. Il ne faut ni les
chanter ni les habiter. On y couche, quand il n'y a pas dans
le voisinage un refuge des Clubs Alpins. Mais si l'occasion,
la curiosité, la soif vous poussent à y entrer, ayez soin de regarder où vous posez les pieds, et ne vous attendez pas à respirer les
odeurs aromatiques de la flore alpine. Ces modestes fabriques
jouent un grand rôle dans l'industrie des Alpes. D'après le
dernier recensement, on compte dans la Suisse seule environ un
million de têtes de l'espèce bovine. Joignez-y 400 000 chèvres;
vous aurez presque l'effectif de l'armée d'une grande puissance
militaire de l'Europe. Mais l'armée alpine a sur les autres
cet avantage que, bien que consommant beaucoup, elle rapporte d'autant plus qu'elle est plus nombreuse. Les produits
fabriqués avec le lait donnent à la Suisse un revenu annuel de
200 millions environ.

Quant aux *chèvres*, quelques-unes restent unies aux troupeaux de vaches; mais la plupart font, avec ou sans gardien, l'école buissonnière. Curieuses, familières, friandes surtout de sel, elles vous entourent, vous pressent, vous bousculent et, sans penser à mal, vous jetteraient dans le précipice, où elles auraient soin de ne pas vous suivre.

SUR L'ALPE.

Entendez-vous un sifflement aigu, prolongé? C'est le cri d'alarme poussé par une *marmotte* en sentinelle à ses compagnes qui folâtrent. Ce joli petit animal, on l'entend assez souvent à cette altitude, on ne le voit presque jamais. Il ne se laisse surprendre que pendant son sommeil, qui dure six mois. C'est sans doute pour la marmotte qu'a été fait le proverbe : Qui dort dîne. N'ayant rien à se mettre sous la dent en hiver, elle s'enferme bien chaudement dans la retraite qu'elle a eu le soin de capitonner d'avance, se pelotonne et s'endort jusqu'à l'été. Bien des gens en feraient volontiers autant.

Ce *lièvre* gris-brun qui détale là-bas à notre approche, si nous passions ici dans une autre saison que l'été, nous le verrions tout blanc. Il a en effet deux robes : une blanche pour l'hiver, une grise pour l'été. De là son nom de lièvre *variable*. Il ne change pas de robe à époque fixe, à Pâques par exemple ou à la Toussaint; mais il suit les saisons, et son changement d'habit est un sûr pronostic de la température. Je m'étonne que ceux qui font métier de prédire le temps n'aient pas encore utilisé ce pronostic. — « Nous aurons un hiver rigoureux, écrivait le 16 août le prieur du Grand Saint-Bernard : le lièvre des Alpes met déjà son habit d'hiver. » Ce n'est donc pas parce qu'il mange de la neige, comme l'a écrit un Savoyard — je ne le nommerai pas — que cette robe est blanche.

Quel est ce point noir qui apparaît dans le bleu foncé du ciel, grandit, s'abaisse et finit par tracer au-dessus de nous d'immenses cercles ? C'est le terrible vautour des Alpes (*lammergeier* ou *gypaète barbu*). Plus grand, plus fort que l'aigle royal, il plane, cherchant sa proie, jusqu'à ce qu'il fonde sur celle qu'il a choisie, l'enlève ou la pousse dans un abîme. Tout lui est bon pour satisfaire son insatiable voracité et celle de ses petits : lièvres, marmottes, renards, chèvres, chamois, au besoin des enfants. Voici ce qu'on a trouvé dans l'estomac d'un gypaète : un tibia de chamois, une côte de chamois à demi digérée, beaucoup de petits os, des poils, des pattes de perdrix et le grand os d'une vache! « *Un bon estomac et un mauvais cœur*, sont les deux conditions essentielles du bonheur, » a dit faussement un moraliste qui digérait mal. Si cette boutade était vraie, nul être au monde ne serait plus heureux que le gypaète. Les histoires d'enlèvements d'enfants par ce brigand des Alpes sont aussi nombreuses qu'authentiques. J'en choisis une parmi celles que rapporte Tschudi. Dans l'Oberland,

MARMOTES.

une enfant de trois ans, Anna Zurbuchen, avait été posée à
terre par ses parents, près d'un chalet, et dormait, pendant
qu'ils faisaient la récolte des foins. Le père revient avec une
charge et ne la retrouve plus. Dans le même moment, un paysan d'Unterseen, qui montait le sentier voisin, entend crier.
Il court et trouve la petite Anna sur le bord d'un abîme, d'où
s'envole un lammergeier qui l'avait enlevée et transportée
là, à 1400 pas du chalet. A l'exception du bras et de la main
gauches, par où elle avait été saisie, elle n'avait aucun mal; mais
elle avait perdu dans son voyage aérien ses souliers et son
bonnet. Depuis lors elle porta le nom d'Anna au Vautour (Geier-
Anni), et l'histoire fut consignée dans le registre de la paroisse.
Avis aux touristes qui seraient tentés de s'endormir sur
l'herbe, dans les régions où plane le lammergeier. On ne sait
pas à quelles extrémités peut le pousser l'exigence d'un estomac
aussi vorace.

Nous approchons de la limite supérieure de la région des
pâturages alpins. Déjà se fait sentir la froide haleine du glacier.
Peut-être aurons-nous la bonne fortune, de plus en plus rare,
d'apercevoir un ou plusieurs *chamois* dans les rochers qui
nous dominent et où sont accrochées, çà et là, quelques
bandes de maigre gazon. On se figure d'ordinaire les chamois, tels qu'on les voit dans les sculptures en bois, passant
leur vie perchés sur une pointe de roc, ou franchissant les crevasses d'un glacier. Ils feraient maigre chère, s'ils ne sortaient
pas de là. Le glacier, c'est pour eux un refuge contre l'homme;
ce n'est pas une habitation. Dans une ascension, c'est toujours
un événement quand on aperçoit de loin une troupe plus ou
moins nombreuse de ces gracieux animaux. Quels jolis tableaux
parfois! Pendant que les jeunes jouent comme des écoliers en
récréation, les vieux, le nez au vent, l'œil et l'oreille aux aguets,
font bonne garde. A la moindre apparence suspecte, un coup
de sifflet se fait entendre, et toute la troupe fuit, ou plutôt
s'envole : avec quelle légèreté, il faut l'avoir vu soi-même pour

GYPAÈTE BARBU.

s'en rendre compte. Le chamois saute des crevasses de vingt pieds de large et fait des bonds de vingt-cinq pieds.

Il a un cousin éloigné, le *bouquetin*, remarquable par ses longues cornes recourbées, auxquelles on reconnaît son âge. Les derniers de l'espèce vivent, ou peut-être vivaient dans les solitudes glacées du massif du Grand-Paradis, au fond du Val d'Aoste. C'est là que chaque année, dans l'été, le roi Victor-Emmanuel, grand chasseur, grand alpiniste autant qu'intrépide soldat, allait se délasser de la politique dans les fatigues et les dangers de la chasse au bouquetin. On le trouvait établi dans un baraquement en bois, non loin des glaciers. Populaire dans ces montagnes comme le fut chez nous Henri IV, il y accueillait avec une familiarité charmante ses collègues alpinistes. Car il était, par droit de conquête plus que par droit de naissance, président d'honneur du Club Alpin italien, qui lui a érigé — c'était justice — sur une cime du Val d'Aoste un petit monument avec cette inscription : « A la mémoire du roi Victor-Emmanuel, alpiniste et chasseur. »

Il faut se hâter si l'on veut voir les derniers chamois et bouquetins. Ils s'en vont, comme les ours, tant est meurtrière la chasse qu'on leur fait. Ce n'est pas qu'elle soit très lucrative ; mais elle passionne ceux qui s'y livrent, avec des fatigues et des dangers à peine croyables. « J'ai fait un excellent mariage, disait à Saussure un chasseur de chamois qui lui servait de guide. Mon grand-père et mon père sont morts à la chasse, et je suis bien sûr d'y passer comme eux. Mais quand vous voudriez assurer mon bonheur à la condition que je renonçasse à la chasse, je n'accepterais pas. » Deux ans après, l'incorrigible chasseur tombait dans un précipice, comme son père et son grand-père. Tant qu'il y aura des chamois, il y aura de ces accidents ; de même que, tant qu'il y aura des glaciers, le danger n'empêchera pas les alpinistes de s'y aventurer, avec les précautions nécessaires.

CHAMOIS.

Nous voici justement arrivés au glacier du col Saint-Théodule, c'est-à-dire au *troisième* étage des Alpes.

« Au-dessus des dernières terrasses de gazon utilisées se dressent, éternellement majestueuses et libres, les cimes des hautes Alpes ; au-dessous, des gorges profondes et des déserts de ruines ; d'un côté, des champs sans fin de névés qui montent jusqu'aux plus hautes cimes ; de l'autre, d'immenses mers de glace aux reflets bleuâtres, d'une épaisseur de plusieurs centaines de pieds, qui transportent leurs débris et leurs blocs jusqu'au bas de la vallée... territoire libre, étrange, merveilleux, au milieu de pays florissants et peuplés. » (Tschudi.) Nous sommes partis ce matin d'Italie ; nous voici en pleine Laponie ! Mais même en Laponie on vit ; — mal, il est vrai. — Il y a des Lapons, des Laponnes et des petits Lapons. Il y a des animaux très utiles, comme les rennes et les chiens ; il y a des lichens, des mousses, une flore spéciale. Presque tout cela se retrouve à l'étage supérieur des Alpes, sauf les Lapons. S'il n'y a pas d'habitations permanentes, il pourrait y en avoir. Ici même, au col Saint-Théodule, à 3322 mètres, plus de 500 mètres au-dessus de la limite des neiges éternelles, trois hommes ont passé l'hiver de 1855-56 dans la cabane qui sert d'auberge en été, faisant des observations météorologiques pour M. Dollfus-Ausset. Le minimum de la température a été de — 21° (le thermomètre est descendu plus bas à Paris en 1879). A la rigueur l'homme pourrait y vivre, comme il vit à une altitude un peu moins élevée, au Stelvio et au Grand Saint-Bernard.

Les rennes sont remplacés là par le chamois et le bouquetin, qui descendent pendant l'hiver dans la zone forestière. Mais un habitant de la région glaciaire qui n'émigre pas, même en hiver, c'est un petit rongeur, le campagnol des neiges (*arvicola nivalis*). Il vit sans doute des provisions qu'il a amassées en été dans de longues galeries pratiquées sous la neige. Joignez au campagnol quelques insectes, surtout des araignées, et vous auriez tous les représentants de la vie animale dans la zone supérieure des Alpes, s'il n'y en avait encore un, le plus petit de tous, qui mérite une mention particulière.

Il arrive parfois que, quand on marche sur un champ de neige éblouissant de blancheur, chaque pas laisse comme une marque de sang, ou que l'on aperçoive de loin certaines places colorées en carmin. C'est ce qu'on appelle la *neige rouge*. Ce phénomène, qui est rare, mais qui frappe vivement quand on le rencontre, est dû à la présence dans la neige ancienne, ou névé, (jamais dans la neige fraîche), de millions d'êtres microscopiques observés pour la première fois dans le glacier de Zermatt par le célèbre géologue suisse Desor. C'est la *puce du glacier*, ou *Desoria glacialis.* Ces petits insectes, très vivants, ont à peu près la taille de la puce ordinaire (deux millimètres) et sautent comme elle. Mais ce qu'il y a de plus fort, c'est qu'ils pénètrent dans la glace la plus compacte et s'y meuvent avec agilité. Où la puce va-t-elle se nicher? Et de quoi vit celle-là? car elle a rarement des savants à se mettre sous la *dent.*[1]

Dans ces régions désolées, la flore est relativement plus riche que la faune. Au milieu des névés et des glaces surgissent, comme des îles dans l'Océan, des parois de rochers, véritables oasis qui offrent un dernier asile à la vie végétale. Parmi les plantes, les saxifrages tiennent le premier rang. Mais, comme dans les régions arctiques, ce sont les mousses et les lichens qui, cramponnés au rocher, restent les dernières sentinelles avancées de la flore. Chose remarquable, cent quinze de ces espèces végétales sont communes aux Alpes et à la Laponie, et quatre-vingts se retrouvent dans l'Altaï, au centre de l'Asie. Quel a été le berceau commun de ces familles? Quand et comment se sont-elles répandues dans des contrées si éloignées et si différentes? Grand et intéressant problème qui ouvre un

(1) Un champignon microscopique, le *Protococus nivalis*, contribue avec la puce du glacier, à la coloration de la neige rouge.

vaste champ à l'imagination. Contentons-nous de le poser, et d'observer, en descendant du col Saint-Théodule en Suisse, à peu près la même dégradation de climats et de végétation qu'en montant du côté de l'Italie. Emportons de cette course, non une leçon d'histoire naturelle, mais cette idée, qui contrarie un peu les géographies ordinaires : c'est que toute la Laponie n'est pas au nord de l'Europe, entre la Norvège et la Russie. Une partie est détachée entre l'Italie d'une part, la France, la Suisse et l'Autriche de l'autre.

CHAPITRE III

LES NEIGES PERSISTANTES ET LES GLACIERS

La neige, on peut en voir en hiver sans sortir de Paris; mais elle n'y est pas persistante, heureusement, comme dans les Alpes; et encore la neige de Paris n'est pas tout à fait la même que celle de la région supérieure alpine.

Quant à ces masses énormes de glace qu'on nomme des *glaciers* et qui sont le trait distinctif de cette région, il est impossible de s'en faire une idée exacte quand on n'en a pas vu, ou quand on se contente de les regarder sans les parcourir. Voir la mer du haut d'une falaise ou la voir au large, c'est chose différente assurément. Pour les mers de glace la différence est plus grande encore.

« Si l'on se contente, dit Saussure, de voir de loin la mer de glace du mont Blanc, on n'en distingue pas les détails. Ses inégalités ne semblent être que les ondulations arrondies de la mer après l'orage. Mais quand on est au milieu du glacier, ses ondes paraissent des montagnes, et leurs intervalles, des vallées entre ces montagnes. Il faut d'ailleurs parcourir un peu le glacier pour voir ses beaux accidents, ses grandes crevasses, ses lacs remplis de la plus belle eau renfermée dans des murs transparents de couleur d'aigue-marine, ses ruisseaux

d'une eau vive et claire qui coulent dans des canaux de glace
et qui viennent se précipiter et former des cascades dans des
abîmes de glace. »

Ce tableau, si bien esquissé par un grand peintre, des milliers de visiteurs en jouissent chaque année à Chamonix, en
traversant la partie inférieure de la Mer de Glace, traversée
classique, comme celle du Havre à Honfleur ou Trouville.

Ces ruisseaux en miniature, qui courent, pendant le jour
seulement, à la surface de la glace, où ils forment, en s'engouf-
frant dans des *puits*, ce qu'on appelle des *moulins*, c'est la
source intarissable de ces milliers de torrents qui s'échappent
en grondant de l'extrémité inférieure de chaque glacier et qui,
se réunissant dans les grandes vallées, deviennent le Rhône,
le Rhin, le Pô, le Danube, etc. Portés par le courant à la mer,
le grand réservoir commun, ils en sortent sous la forme de vapeurs ou nuages que d'autres courants, ceux de l'atmosphère,
ramènent vers les Alpes. Arrêtés par cette barrière, ils tombent en pluie dans le bas, en neige dans le haut. Les voilà,
sous cette forme, revenus à peu près à leur point de départ,
où ils se reposeront plus ou moins longtemps, jusqu'à ce
qu'ils recommencent leur voyage circulaire, en repassant par
la même série de transformations successives : neige, névé,
glace, ruisselet, torrent, fleuve, mer, nuage, neige, et ainsi
de suite. On cherche le mouvement perpétuel ; le voilà.

D'après des calculs que je n'ai pas vérifiés, mais dont l'exactitude n'est pas douteuse, il tombe en moyenne chaque année
dix-huit mètres de neige dans les Alpes (quelquefois deux mètres
en un jour ; je l'ai vu). Elles devraient donc grandir de 180 mètres
en dix ans, de 1800 mètres en un siècle, et rejoindre, dans un
temps donné, les montagnes de la lune. Loin de là, au lieu d'aug-
menter, elles diminuent sans cesse, et se démolissent pierre
par pierre. Que deviennent donc les dix-huit mètres annuels
de neige? Une partie est balayée par le vent ; une autre tombe
dans les vallées en cataractes poudreuses ou avalanches ; une

MER DE GLACE, PRÈS DE CHAMONIX.

troisième partie se fond sous le souffle chaud du *fœhn*, le vent
du midi ou siroco. Ce « mangeur de neige », comme on l'appelle en Suisse, en fait disparaître en un jour une couche de
près d'un mètre. Ce qui, après tout cela, reste encore des dix-
huit mètres, tassé par son propre poids, imprégné d'humidité,
devient une masse compacte qui tient le milieu entre la neige
et la glace et qu'on nomme le *névé*. Le névé à son tour se
transforme peu à peu en une belle glace aux teintes d'azur.
Ainsi s'entretient et se renouvelle sans cesse le glacier, qui
gagne d'un côté ce qu'il perd de l'autre par la fusion. Justement comparé à une mer de glace dans sa partie à peu près
plane, il s'allonge, se rétrécit en descendant vers la vallée par
une pente plus ou moins inclinée, et prend l'aspect d'un fleuve
gelé, qui se comporte absolument comme ses confrères liquides.
Ces masses, qui semblent l'image de l'immobilité et de la mort,
se meuvent; elles ont une progression lente, mais continue,
proportionnée à leur volume et à l'inclinaison de leur lit.
Après Saussure, de grands naturalistes suisses, français,
anglais, italiens, Agassiz, Desor, Alph. Favre, Rendu, Char-
pentier, Dollfus, Ch. Martins, Forbes, Tyndall, Gastaldi (Dieu
sait comme j'en passe!), ont étudié sur place ce phénomène de
la marche des glaciers et en ont cherché les causes et la loi.
Les glaciers glissent-ils en vertu de la pesanteur, ou par suite
de la dilatation que produisent les alternatives de gel, dégel
et regel de l'eau dans leurs canaux capillaires? Les géologues
ne sont pas d'accord sur ce point. Le glacier ne semble pas
encore avoir dit tout son secret; mais à ceux qui seraient tentés
de nier son mouvement, il répond en marchant et en charriant
tout ce qui tombe dans ses vagues solides. Des faits le prouveront
mieux que le raisonnement.

Le naturaliste Hugi fait construire en 1827, sur le glacier de
l'Aar, une cabane en pierres sèches pour l'étudier à domicile.
Que fait le glacier? Il joue au savant le mauvais tour de dé-
placer son observatoire. En 1836, la cabane avait déjà des-

cendu de 714 mètres; en 1841 elle était à 1428 mètres de sa première position. Vous représentez-vous une maison de campagne aussi vagabonde? La marche de la cabane et du glacier avait été de 102 mètres par an.

En 1800 ou 1801, un marchand de bestiaux du Val d'Aoste, nommé Gal, fournisseur de l'armée française, part le 20 septembre pour Zermatt par le col Saint-Théodule avec son domestique, nommé Rigolet, et un mulet dont l'histoire n'a pas conservé le nom. Il portait — le mulet — une sacoche contenant 7000 livres en pièces de trente sols, de trois et de six livres, destinées à payer le prix d'un troupeau suisse. Tout alla bien sur le versant italien. Le col franchi, le brouillard et une tourmente de neige leur font perdre le bon chemin sur le glacier, et tout à coup le mulet, le domestique qui le conduisait par la bride et la sacoche disparaissent comme dans une trappe. Le pauvre Gal, rebroussant chemin, revient chez lui à grand'peine, désolé surtout de la perte de son argent et de son mulet. Les tentatives qu'on fit pour les retrouver furent inutiles. En 1850, le curé de Zermatt et le sacristain Biner montent en se promenant au Riffelhorn, au-dessus de l'hôtel si connu du Riffelberg, et de là, avec une lunette d'approche, ils aperçoivent en bas, à la lisière du glacier, une masse noire et d'un aspect insolite. Ils s'approchent tant bien que mal, et que trouvent-ils? Le domestique Rigolet, le mulet et l'argent, parfaitement conservés — l'argent surtout. — Le glacier les avait transportés et rendus après 49 ou 50 ans. L'histoire ne finit pas là. Le curé enterre l'homme, mais garde l'argent. Quelques temps après, pris de scrupules un peu tardifs et d'autant plus fondés qu'il avait trouvé, avec les 7000 livres, un portefeuille contenant les papiers du marchand de bestiaux, il porta le tout à son évêque, à Sion, qui écrivit à celui d'Aoste. On retrouva, non pas Gal, mais ses héritiers, qui furent agréablement surpris et très reconnaissants de la restitution faite par l'honnête glacier.

Une dernière histoire, plus sentimentale. Dans un village situé à peu de distance d'un glacier, un homme qui était parti pour une foire voisine ne revient pas. Sa femme s'inquiète, s'informe et apprend que son mari, s'étant un peu attardé au cabaret, a pris pour revenir le chemin le plus court, celui du glacier. Plus de doute; le malheureux est tombé la nuit dans une crevasse, et la pauvre femme est veuve. Elle pleura son mari le temps convenable, puis, au bout d'un an, elle consentit à être consolée par un nouvel époux. Mais la loi est formaliste. Elle demande à toute veuve qui veut se remarier l'acte de décès du défunt. Le syndic (ou maire) ne voulut pas délivrer le certificat d'un décès qui n'avait pas été légalement constaté; le mariage ne put avoir lieu. Mais voici bien une autre affaire. Le mort reparaît au bout de dix-neuf ans. Il sort du glacier, frais et intact, à l'exception d'un pied que la glace avait coupé! L'homme au pied cassé fut bien et dûment reconnu et enterré; la veuve put se remarier, mais il n'était plus temps...

Dans ces deux cas, comme pour la cabane d'Hugi, le glacier avait charrié les corps tombés dans son courant avec une vitesse d'environ 100 mètres par an. C'est la vitesse moyenne des glaciers rapides. « Mais, dira-t-on, s'ils vont toujours de ce *pas tranquille et lent*, ils doivent aller loin, envahir les cultures inférieures et barrer les torrents. » Cet empiètement n'est pas sans exemple; mais la Providence y a mis bon ordre. Ils augmentent, diminuent ou restent stationnaires, selon la quantité de neige qui tombe en hiver, et la température plus ou moins élevée de l'été. Quand ils perdent par la fusion plus qu'ils ne gagnent par la transformation du névé en glace, ils diminuent, leur base recule : on dit qu'ils remontent. Dans le cas contraire, ils descendent vers la vallée. De là de grandes oscillations dans leur marche, observées depuis longtemps. Suivant un vieux dicton des montagnards, ils avancent et reculent alternativement pendant sept ans. L'alternative est vraie, mais non le chiffre cabalistique de sept ans. Depuis quarante

VALLÉE DE CHAMONIX ET LE MONT BLANC.

ans, au contraire, la plupart des glaciers ont subi une diminution considérable et très visible. Dans la vallée de Chamonix, celui des Bossons, entre autres, qui menaçait le village du même nom, a reculé de 332 mètres et perdu en épaisseur environ 80 mètres — des milliers de touristes peuvent en témoigner. — Le retrait des deux glaciers de Grindelwald est encore plus sensible ; on le reconnaît à la place desséchée et comme brûlée qu'ils ont laissée derrière eux. Le coup d'œil y a perdu assurément. Mais que les amateurs de glaciers se rassurent. D'abord la période de recul semble terminée depuis les hivers neigeux et les étés humides et froids de 1878 et 1879. D'ailleurs quelques chiffres — je n'en abuse pas — montreront qu'il reste assez de glaciers pour répondre à tous les besoins. Dans le Dauphiné, le massif de l'Oisans ou du Pelvoux présente une étendue de glace d'environ 160 kilomètres carrés. En Savoie, sans compter les magnifiques glaciers de la Maurienne et de la Tarentaise, qui n'ont pas été mesurés, que je sache, le massif du mont Blanc comprend 282 kilomètres carrés de glace[1]. Joignez-y les immenses réservoirs des Alpes suisses, surtout ceux des massifs du mont Rose, de l'Oberland et de la Bernina (560 kilomètres carrés environ) et enfin ceux des Alpes tyroliennes. Le seul glacier d'Aletsch, le plus grand des fleuves de glace des Alpes, qui descend de la Jungfrau dans le Valais avec un cours de plus de 21 kilomètres, a un volume qu'un savant a évalué approximativement à 24 milliards de mètres cubes. On voit qu'il n'y a point à craindre que la glace ne manque aux fleuves et aux ascensionnistes.

Si étendus qu'ils soient, les glaciers actuels des Alpes ne sont rien en comparaison de ce qu'ils ont été à une époque géologique relativement moderne, qu'on nomme l'*époque glaciaire*. C'est un fait incontestable, et aujourd'hui incontesté, que les régions du centre et du nord de l'Europe, après avoir *joui* d'une température tropicale — les éléphants et les rhinocéros

---

1. El. Reclus : *Nouvelle Géographie universelle* la France.

abondaient même en Sibérie — ont été tout d'un coup saisies par un froid excessif. Au climat des Indes a succédé celui du Groënland. Pourquoi? Nul ne peut le dire; mais nul n'en doute. Il y a même des géologues à qui une seule période glaciaire ne suffit pas, et qui en reconnaissent deux. Une conséquence, entre autres, de ce refroidissement subit, a été la prodigieuse extension des glaciers. Non seulement la plaine suisse, mais aussi une partie de la France orientale jusqu'à Lyon, du Piémont, de la Lombardie et de l'Allemagne méridionale jusqu'au Danube, ont été recouvertes d'une couche de glace qui avait jusqu'à 1000 mètres d'épaisseur, comblait les profondes cavités des lacs suisses de Genève, de Lucerne, de Zurich, etc., en Italie, des lacs Majeur, de Lugano, de Côme et de Garde, et poussait plus avant dans la plaine. L'imagination est épouvantée et confondue à l'idée de ce débordement glaciaire; mais il faut se rendre à l'évidence des faits. Les glaciers préhistoriques ont laissé de leur passage et de leur séjour des traces irrécusables et comme des témoins. Ce sont les *moraines*, les *roches moutonnées et striées*, et les *blocs erratiques*.

Quand il tombe à Paris beaucoup de neige, — 25 ou 30 centimètres — on voit jusqu'au dégel, de chaque côté des rues, de longues traînées de neige, de terre et de débris de toute sorte. Ce sont de petites *moraines*, faites de main d'homme. Tout glacier a de grandes *moraines* naturelles, pour lesquelles il fait lui-même l'office de balayeur public, si je puis m'exprimer avec cette irrévérence. Rochers détachés des cimes voisines, débris des avalanches de *sérac*s (blocs énormes de glace auxquels les Savoyards ont donné le nom d'un fromage blanc cubique de leur pays), pierres et cailloux arrachés aux flancs de la montagne, tout ce qui tombe sur la surface mouvante est ramassé, balayé, aligné proprement le long de chacune des deux rives : ce sont les *moraines latérales*. Deux glaciers viennent-ils à se rencontrer comme deux rivières et à former un confluent, il s'établit au milieu du courant une troisième moraine parallèle, qu'on appelle *médiane*. Autant d'affluents, autant de *moraines médianes*. Le glacier de Zermatt ou de Gorner en présente huit. Mais de même que les fleuves portent leurs alluvions à leur embouchure, c'est surtout à leur extrémité inférieure que les glaciers accumulent, entassent la plus grande partie des débris de la montagne, qu'ils ont charriés lentement. Ainsi se forment avec le temps les *moraines frontales* ou *terminales*, remparts de boue glacée et de roches amoncelées, qui rendent l'abord du glacier souvent difficile, et atteignent parfois une hauteur de plusieurs centaines de mètres. Quand on trouve aujourd'hui des *moraines frontales* parfaitement caractérisées, malgré la végétation qui les a recouvertes, dans les plaines de la Suisse, de la France, du Piémont et de la Lombardie, à 150, 200, 300 kilomètres des glaciers actuels, on a la preuve certaine, irrécusable, que ceux de l'époque glaciaire se sont étendus jusque-là.

Le glacier n'est pas seulement un balayeur infatigable. Il est encore un excellent marbrier. Il arrondit, polit les roches les plus dures sur lesquelles glisse sa masse formidable, et leur donne cette apparence que Saussure a comparée à celle d'un troupeau de moutons vu de loin. De là le nom de *roches moutonnées*, qui a fait fortune. Le glacier ne se borne pas à les polir; il les couvre de raies ou *stries*, au moyen du gravier qui est mêlé à la glace et dont le frottement agit comme celui de l'émeri. Les roches *moutonnées et striées*, qu'on reconnaît facilement quand on en a vu une fois, et sans être un géologue de profession, sont un deuxième témoignage de l'énorme extension des anciens glaciers.

Il en est un troisième, plus visible encore : ce sont les *blocs erratiques*. Depuis longtemps on avait remarqué, non seulement dans les plaines de Suisse, de France et d'Italie, mais encore sur les flancs du Jura, à une altitude de 1400 mètres, des pierres énormes, grosses comme des maisons — quelques-unes n'ont pas moins de 15 000 mètres cubes, et l'une d'elles porte une chapelle — complètement étrangères aux localités où on les trouve. Ce sont les *blocs erratiques* ou voyageurs. D'où venaient ces étrangers dépaysés? Comment étaient-ils arrivés là? On se perdait en conjectures, et généralement on remontait au déluge pour expliquer leur transport. Le mystère a été expliqué, en 1817, à un savant géologue par un simple chasseur de

TABLE DE GLACIER.

chamois et guide du Valais, nommé Jean Perraudin. Selon lui, les glaciers seuls avaient pu porter sur leur dos ces masses énormes à de pareilles hauteurs, comme on les voit encore aujourd'hui en transporter de moins grosses. Ce fut un trait de lumière. On reconnut que ces vagabonds avaient comme leurs passeports : les *stries* d'abord, preuve du frottement exercé par le glacier, puis la nature des roches, identiques à celles des hautes montagnes situées en face, et quelquefois à 200 kilomètres de distance, le mont Rose, le mont Blanc, etc. De leurs cimes, bien plus élevées que nous ne les voyons aujourd'hui — les Alpes ont diminué de moitié en hauteur, selon M. Alphonse Favre — ces blocs énormes sont tombés sur les glaciers, qui les ont transportés (en combien de siècles?) par-dessus les vallées et les lacs actuels, jusqu'aux points où ces masses sont venues échouer, derniers vestiges de l'époque glaciaire. On ne les trouve pas seulement dans les pays voisins des Alpes, mais aussi dans les Pyrénées et même en Corse. En Angleterre, en Prusse, en Pologne, en Russie, on a reconnu des roches voyageuses originaires des montagnes de la Norvège; elles sont venues là non par mer, mais *à bord* de glaciers disparus. On voit que l'idée de Jean Perraudin, le guide valaisan, a fait son chemin. Les *blocs erratiques*, les *moraines des plaines*, les *roches moutonnées et striées*, sont universellement regardés aujourd'hui comme les preuves matérielles de l'effroyable extension des anciens glaciers, dont la carte a été dressée par M. de Mortillet.

Un jour, par une nouvelle révolution aussi peu expliquée que la première, la température générale s'étant relevée, le centre et le nord de l'Europe ont cessé de ressembler au Groënland. Les glaciers sont rentrés dans leur lit actuel, et il en est resté seulement assez pour servir de réservoirs aux grands fleuves et de couronnement aux Alpes.

Ainsi se lève peu à peu chaque coin du voile épais qui nous cachait l'histoire du globe que nous habitons. Hommage soit rendu aux savants de tous les pays qui ont, à l'exemple de Saussure, étudié, déchiffré avec passion, parfois au péril de leur vie, le livre des Alpes, si fécond en enseignements! L'illustre Génevois pressentait les découvertes de ses élèves et successeurs, quand il écrivait, il y a cent ans, de son bivouac au col du Géant, à 3362 mètres au-dessus de la mer : « Ici l'âme s'élève, les vues de l'esprit semblent s'agrandir, et au milieu de ce majestueux silence, on croit entendre la voix de la nature, *et devenir le confident de ses opérations les plus secrètes!* »

CHAPITRE IV

Cette muraille, qui sépare l'Italie de la France, la Suisse et l'Autriche, si haute, si épaisse, si glacée qu'elle soit, n'est point une barrière infranchissable. La nature y a ménagé de distance en distance des brèches par lesquelles l'homme s'est frayé des passages ; avec quelles difficultés ! nous pouvons à peine nous l'imaginer, aujourd'hui que nous les traversons si facilement — pendant l'été — en voiture, à cheval ou à pied, et toute l'année en chemin de fer. Nous serions tentés de croire que les Alpes ont toujours été aussi praticables qu'elles le sont pour nous, — imitant un peu ce prédicateur qui louait la Providence d'avoir placé les fleuves près des villes, — si elles n'étaient restées à l'état primitif et sauvage dans ces régions glacées, où l'homme n'a jamais exercé ni n'exercera jamais son empire. Que de siècles, que d'efforts, que de progrès successifs, avant qu'il ait été mis en possession de toutes les facilités dont il jouit aujourd'hui ! D'abord une absence complète de communications d'un versant de la chaîne à l'autre, puis des sentiers informes, puis de dangereux chemins de mulets, puis des routes de voitures, enfin des chemins de fer ; en attendant quoi ? C'est le secret de l'avenir.

Les premiers ingénieurs des Alpes ont été les torrents. Non qu'ils soient *des chemins qui marchent*, selon la définition de Pascal, applicable seulement aux rivières des plaines. Eux, ils

courent, ils bondissent, et malheur à qui voudrait les suivre !
Mais ils ont indiqué le moyen de pénétrer dans ce chaos en
apparence impénétrable, et d'en sortir.

C'est du nord au sud, de Gaule en Italie, que le passage a dû
se faire d'abord. Les Alpes, qui tombent presque à pic sur
l'Italie, descendent en pentes relativement douces du côté du
nord. De plus, nos ancêtres les Gaulois, étant, comme on sait,
d'humeur aventureuse et vagabonde, ont dû penser que cette
barrière qui se dressait devant eux était faite pour être franchie. Voici, j'imagine, comment les choses se sont passées.
Bien des torrents descendent des Alpes vers la Méditerranée :
la Durance, l'Isère, l'Arc, etc. Remontant la Durance, par
exemple, à travers les rochers, les forêts, les débris d'avalanches,
et non sans une vive résistance des habitants primitifs de ces
solitudes, les ours et les aurochs, des Gaulois sont parvenus,
tant bien que mal et plutôt mal que bien, au plateau élevé, mais
dégarni de neige en été, où la Durance est un ruisseau paisible.
Un peu plus loin, un autre ruisseau, la Doire Ripaire, commence
à couler en sens contraire. Nos aventureux ancêtres l'ont suivi,
en franchissant une brèche assez large dominée à droite et à
gauche par deux cimes neigeuses : c'est le Col. Monter avait été
difficile ; que dut être la descente? Mais les Gaulois ne crai-
gnaient, disaient-ils, qu'une chose, c'est que le ciel ne leur
tombât sur la tête. A force d'audace et d'agilité, ils sont descendus au fond des gorges où la Doire se précipite de chute en
chute, avant de s'élancer dans la plaine du Piémont. Un passage
de Gaule en Italie était trouvé ! C'est celui du mont Genèvre, un
des plus faciles des Alpes. De la même manière, l'Isère et la
Doire Baltée ont donné celui du Petit Saint-Bernard, et ainsi
des autres.

Peu à peu dans ces passages s'établirent des sentiers, informes
d'abord, puis rendus, avec le temps, accessibles aux bêtes de
somme, et surtout améliorés par les Romains, grands construc-
teurs de ces *voies* dont on trouve partout des restes indes-

tructibles. Que de peuples, que d'armées les Alpes, dans leur immobilité glacée, ont vu passer à leur pied? Les Gaulois de Brennus et de Bellovèse, allant à la conquête de Rome et de l'Italie septentrionale, longtemps appelée Gaule cisalpine; les Carthaginois d'Annibal, auxquels plusieurs montagnes se disputent *l'honneur* d'avoir livré passage; les Cimbres, que Marius attendait à Verceil pour les écraser, comme il avait écrasé les Teutons près d'Aix; César, qui traversa leurs passages tant de fois en dix ans pour faire de la Gaule un pays latin; les légions impériales pénétrant dans la Germanie et la vallée du Danube jusqu'à la Roumanie actuelle; les hordes des barbares se précipitant à la curée de l'empire romain; Charlemagne allant à Rome se faire sacrer empereur d'Occident et fonder la souveraineté temporelle des papes; les empereurs d'Allemagne, qui essayèrent de la défaire; les folles équipées de Charles VIII, Louis XII et François Ier; Louis XIII et Richelieu au Pas de Suze; les armées de Louis XIV, de Louis XV, puis celle de la République conduite à Marengo par Bonaparte; les Russes et les Autrichiens, auxquels nos pères, sous Lecourbe, livrèrent, près des glaciers, des combats de géants; enfin, en 1859, notre brave armée, qui allait à Magenta et à Solférino faire le royaume d'Italie.

Espérons que désormais les Alpes ne verront plus passer d'autres armées que celles de ces paisibles envahisseurs qui n'ont d'autres armes que des bâtons ferrés, ne livrent d'assaut qu'aux cimes, et laissent derrière eux, au lieu de la dévastation, l'abondance et le contentement.

Jamais, il est vrai, l'invasion n'a été aussi facile. Au commencement de notre siècle, les Alpes ne pouvaient être traversées en voiture que sur deux points très éloignés de la France: aux cols du Brenner et de Tende. Partout ailleurs on était resté aux anciens chemins de mulets, toujours difficiles, souvent dangereux. Macdonald, en suivant celui du Splugen, perdait des compagnies entières, enlevées par les avalanches. Souvarow, se frayant un passage à travers les Français et les neiges, laissait dans le chemin du Panix 8000 hommes sur 18 000. Le torrent de la Sernft fut la Bérésina de cette retraite de Russie. Quelles difficultés n'eut pas à surmonter Bonaparte, pour passer le Grand Saint-Bernard avec 40 000 hommes et 60 canons? Ce sont ces difficultés qui nous ont valu la magnifique route du Simplon. Elle ne fut pas la première, comme on l'a dit par flatterie, mais la plus grandiose. Il n'y a que la première route qui coûte. Presque dans le même temps furent faites celles du mont Genèvre et du mont Cenis. A l'exemple de la France, la Suisse, le Piémont et l'Autriche, alors maîtresse de la Lombardie et de la Vénétie, construisirent coup sur coup les belles voies carrossables du Saint-Gothard, du Petit Saint-Bernard, du Bernardin, du Splugen et du Stelvio.

Aujourd'hui les Alpes sont traversées par 25 *grandes routes* où l'on ne sait ce qu'on doit le plus admirer, de l'œuvre de Dieu ou de celle de l'homme. Aux pentes abruptes des chemins de mulets, qui suivaient presque toujours les torrents, la science des ingénieurs a substitué des rampes adoucies, des courbes et des lacets que les chevaux descendent au galop. Les passages les plus dangereux ont été évités ou mis, autant que possible, à l'abri des avalanches et des inondations, par des galeries taillées dans le roc ou construites de toutes pièces. Des maisons de refuge, solidement bâties de distance en distance, abritent les cantonniers et au besoin les voyageurs. Car les meilleures routes ne passent pas impunément à une altitude qui dépasse souvent 2000 mètres, et près des glaciers. La nature ne perd jamais ses droits, et parfois elle rappelle rudement qu'elle est plus forte que l'homme, malgré toute sa science.

Mais nous vivons à une époque de transformation. Notre siècle a vu les anciens sentiers remplacés par les routes carrossables. Il voit ces routes abandonnées, les unes après les autres, pour les *chemins de fer*. Déjà sur six points, au mont Fréjus près du mont Cenis, au Gothard, à l'Arlberg, à l'Albula, au

ROUTE DU SIMPLON.

Brenner et au Semmering, les Alpes ont été éventrées pour livrer passage à la locomotive. Un septième chemin de fer, celui du Simplon, sera achevé en 1905. D'autres sont à l'étude : au col de Tende, au Splügen, sous le mont Blanc lui-même; ils se feront à leur tour. Adieu alors aux belles routes, qui seront désertes comme l'est maintenant celle du mont Cenis. Place à la vapeur! Dans l'hiver, c'est très bien; mais dans l'été! Renoncer volontairement au charme du voyage en voiture, à cheval ou à pied, aux surprises de la route, au bonheur de respirer l'air de la montagne, de voir bondir les cascades et les torrents, de conquérir une vue qui paye toutes les fatigues, de jouir du repos bien gagné; au lieu de ces joies rester longtemps enfoui comme au fond d'une mine, ne respirant que la fumée, ne voyant que la nuit, et cela pour l'unique satisfaction d'aller vite : c'est voyager pour arriver, à la façon de cet Anglais qui, par gageure, fait le tour du monde en 80 jours... dans un livre charmant.

Heureusement ceux qui voyagent pour voyager, c'est-à-dire pour voir, pour admirer (et il y en aura toujours), ne seront jamais condamnés aux chemins de fer à perpétuité! Les prenant à propos, pour s'épargner des fatigues inutiles, ils continueront à parcourir les Alpes à leur manière, qui est la bonne. Outre les vingt-cinq *grandes entrées*, n'y a-t-il pas les *moyennes*, bien plus nombreuses et encore plus belles? Vous n'avez que l'embarras du choix entre une centaine de passages praticables aux mulets, comme les cols du mont Viso, de la Vanoise, du mont Iseran, de la Seigne, de Fenêtre, du Gries, etc. Plus élevés que les routes carrossables, quelquefois traversant de petits glaciers, ils n'offrent pas de difficultés sérieuses.

Enfin, avez-vous l'habitude des courses de montagnes, et ne craignez-vous pas de marcher quelques heures sur des pentes de neige ou sur le glacier, prenez hardiment les passages de piétons, passez les cols Saint-Théodule, du Monte Moro, du Géant, du Weissthor (la porte Blanche), etc. C'est un peu pénible, mais merveilleux de grandeur et de beauté ! Il y a dans les Alpes environ 120 de ces *petites entrées*, plus ou moins faciles, à l'usage des grimpeurs exercés. Quand on a une bonne paire de jambes, une bonne tête, un bon guide et un beau temps — quatre conditions également nécessaires — c'est par une de ces portes, ou plutôt de ces fenêtres, qu'il faut passer de France ou de Suisse en Italie.

LES GRANDES ET LES PETITES ENTRÉES DES ALPES. 55
merveilleux de grandeur et de beauté ! Il y a dans les Alpes

CHAPITRE V

En étudiant du Dôme de Milan le plan en relief des Alpes, nous avons remarqué les brèches naturelles par lesquelles passent ces grandes voies de communication, successivement améliorées, qui ont joué et qui jouent un rôle si important pour les rapports des peuples. Parcourons-les rapidement, dans l'ordre où nous les avons aperçues de loin. Sans m'attacher aux détails, je voudrais seulement donner une idée de la physionomie particulière de chacune d'elles.

La première de ces routes, en partant de la Méditerranée, est celle du *col de Tende*, qui conduit de Nice à Turin. Elle est, à mon avis, supérieure à sa réputation — au contraire de beaucoup de choses et de gens qui sont au-dessous de la leur. — C'est le roi de Piémont Victor-Amédée III qui l'a commencée, il y a juste un siècle, en 1779 — elle a précédé de vingt-cinq ans celle du Simplon — *pour la commodité de l'Italie, et même du monde entier,* nous apprend une inscription latine. De Nice à Breil, entre le Paillon, qui coule quelquefois, et la Roya, qui est un vrai torrent alpestre, la route se déroule en interminables lacets, par une suite de montées et de descentes, sur les flancs de la montagne calcinés et rougis par le soleil. Elle est souvent en espalier. De temps en temps, au fond d'un ravin, un bouquet de pins donne, non pas de la fraîcheur, mais un peu d'ombre. Un de ces ravins a été le théâtre d'une histoire qui serait incroyable, si elle n'était vraie. Elle a eu lieu — je me hâte de le dire — au commencement du siècle. Lady Bute, voyageant dans sa chaise de poste, est arrêtée là par des brigands masqués qui, avec les plus grands égards et une exquise politesse, lui enlèvent ses diamants, ses bijoux et son argent. Les gendarmes arrivent... trop tard, et voient, ô surprise! les voleurs couchés sur la route et plongés dans un profond sommeil. Quel était ce mystère? Un riche flacon, vide, trouvé près d'eux, en fournit l'explication. Il avait contenu de l'opium, auquel lady Bute avait recours pour se procurer du sommeil. L'opium avait produit l'effet attendu, non sur elle, mais sur les brigands, qui s'étaient partagé le contenu du flacon comme une liqueur précieuse. On alla de surprise en surprise. En enlevant les masques des brigands, on reconnut plusieurs jeunes gens des meilleures familles du pays, qui se livraient de temps en temps à la chasse aux voyageurs. Le moyen de les suspecter! ils étaient au mieux avec les autorités, qu'ils avaient la gracieuse habitude d'inviter d'avance à dîner quand ils partaient pour une expédition. A quoi tiennent les choses! L'opium de lady Bute mit un terme à leurs exploits et aux bons dîners de l'autorité.

De Breil au col de Tende, la route est admirable. Elle remonte le torrent de la Roya, s'enfonçant successivement dans une série de gorges entrecoupées d'oasis. Celle de Gaudarena, au-dessus de Fontan, le dernier village français, est la plus grandiose. A droite et à gauche, des rochers perpendiculaires, d'une couleur chaude, surplombant et se joignant presque à une immense hauteur, comme ceux de la gorge de Pfeffers, en Suisse. En haut, des échappées de ciel bleu, avec quelques pins accrochés aux anfractuosités de la roche; en bas, la Roya qui écume rageusement en se brisant contre d'énormes blocs de marbre. C'est la Via Mala, avec le ciel et la végétation de l'Italie. Heureux et bien inspirés ceux qui, après s'être chauffés au soleil de Nice pendant l'hiver, vont par cette route chercher la fraîcheur à Saint-Dalmas de Tende, ancienne abbaye, aujourd'hui belle station d'été, au confluent de la Roya, de la Miniera et de la Briga, presque au pied des glaciers du mont Clapier ! Plus haut encore est la petite ville de Tende, qui a donné son nom au passage et à la malheureuse Béatrice di Tenda, méchamment mise à mort par son mari le duc de Milan, Philippe-Marie Visconti. Quand je passais là en 1860, je trouvai Tende et le village voisin, Briga, tout en émoi, non à cause de la mort de la pauvre duchesse, mais par suite d'un évènement beaucoup plus récent et qui les touchait plus directement. Après la campagne de 1859, qui avait fait du Piémont le royaume d'Italie, le plébiscite pour l'annexion du comté de Nice à la France venait d'avoir lieu. Tende et Briga avaient voté *oui*, comme un seul homme. Leur intérêt et la géographie leur faisaient désirer de suivre, comme leurs voins de Fontan et de Saorge, les destinées de Nice, leur capitale. Mais la géographie n'est pas toujours ce qui règle l'histoire. La commission franco-italienne chargée de la délimitation des nouvelles frontières entre la France et l'Italie n'avait pas adopté la frontière scientifique, qui aurait suivi la crête des montagnes. Tende et Briga étaient donc restées italiennes malgré elles, et voilà pourquoi je les trouvais occupées par les carabiniers (les gendarmes italiens) chargés de les rappeler à l'amour de la dynastie nationale. La route vient se heurter contre un cirque de montagnes du haut duquel se précipite le torrent de la Roya. Du fond de cet entonnoir elle grimpe en colimaçon jusqu'au col, en formant soixante-neuf lacets. Nulle part dans les Alpes je n'en ai vu d'aussi brusques et d'aussi nombreux. Quand on les regarde d'en bas ou d'en haut, on dirait un gigantesque chapelet égrené le long de la montagne et dont les boute-roues formeraient les grains. Au col, nous sommes au milieu de cette échancrure que nous avons aperçue du Dôme de Milan, et qui est à 1795 mètres au-dessus de la mer. La vue, assez bornée, n'offre de vraiment remarquable que le décor du fond, formé par les glaciers du mont Rose et du Grand Paradis. Bientôt le chemin de fer voté

en 1879 par le parlement italien traversera le col pour se re-
lier à Vintimille, où la Roya se jette dans la mer, avec celui
de Paris-Lyon-Méditerranée. Aujourd'hui, du col de Tende,
par une descente rapide et facile, on gagne Limone, puis Coni,
où aboutit le chemin de fer de Turin.

Au nord des Alpes-Maritimes s'ouvre dans les Alpes Cottiennes *la route du mont Genèvre*, qui établit une facile communication entre la Provence et le Dauphiné d'une part, et le
Piémont de l'autre. Qu'on parte de Marseille et de Grenoble,
on arrive à Briançon, au pied du passage. De Marseille, un
chemin de fer très pittoresque remonte la vallée de la Durance,
puis celle du Buech, jusqu'à Gap, d'où il revient à la vallée de
la Durance qu'il remonte, en passant par Embrun, jusqu'à
Briançon. En quelques heures on passe des flots bleus de la
Méditerranée aux neiges étincelantes des Hautes-Alpes. La
route qui part de Grenoble traverse une des plus belles parties
du Dauphiné : la pittoresque vallée de la Romanche jusqu'au
col de Lautaret, les gorges du Freney et de l'Infernet et l'étroite
combe de Malaval (Val Maudit). De temps en temps vous
apercevez, surplombant au-dessus de la route, une tranche
bleuâtre du glacier de Mont-de-Lans, qui s'étale là-haut sur
un étendue de 8 kilomètres de long. Vous passez au pied de la
Meije, le Cervin dauphinois, effroyable pic de 4000 mètres,
qui n'a été vaincu qu'en 1877 et qui a son histoire, — non
tragique heureusement — comme le Cervin et le mont Blanc.
Enfin, au col de Lautaret (2075 mètres) vous saisissez de près
le caractère particulier de la nature alpestre dans le Dauphiné.
Ce n'est pas la Suisse, ce n'est pas la Savoie, c'est encore
moins l'Italie. C'est le Dauphiné, avec ses montagnes nues et
déchirées, aux escarpements terribles, avec ses torrents sauvages, ses glaciers suspendus en l'air.

Du col de Lautaret, sur la gauche duquel se déroulent de
vertes prairies dont la flore est d'une richesse inouïe, la route
gagne, par une descente facile et riante le long de la Guisane,

la ville la plus élevée de France, Briançon. Il faut mettre pied
à terre à la porte de la ville ; ses rues étroites et montantes ne
connaissent pas plus les voitures que le balai. Après avoir passé
le pont-levis, lisez l'inscription qui rappelle qu'en 1815,
n'ayant aucune garnison, elle soutint, sans se rendre, un siège
de trois mois. Honneur à Briançon, qui a noblement justifié sa

BRIANÇON

devise : *Petite ville et grand renom.* Elle a été le Belfort de la
deuxième invasion ! Dirai-je que cette honorable ville est un
riant séjour ? Non ; je respecte infiniment Briançon, mais encore
plus la vérité. Ce qui est certain, c'est qu'on y a de tous les
côtés, et surtout des forts nouveaux, perchés à des hauteurs
invraisemblables, de belles vues sur la vallée de la Durance et
les Hautes-Alpes.

De Briançon nous montons en peu de temps, soit par une route en partie taillée dans le roc, soit à pied par un charmant sentier à travers une belle forêt, jusqu'au col du mont Genèvre, au pied de la pyramide du Chaberton. Nous sommes à la frontière de la France et de l'Italie, à 1860 mètres. Là s'élevait jadis un temple dédié au dieu Janus, qui avait donné son nom à ce passage, le plus facile des Alpes et le plus anciennement fréquenté. C'est par là qu'Annibal les franchit... à moins que ce ne soit par le Petit Saint-Bernard. Là s'élève aujourd'hui, au milieu d'un petit village, l'un des plus haut situés de France, un obélisque où Napoléon Ier est loué en latin et en trois autres langues pour avoir *établi cette route et la paix du monde*. Le latin et les inscriptions souffrent tout.

Sur le plateau prennent leurs sources deux ruisseaux qui descendent : l'un en France, c'est la Durance, ou du moins un de ses affluents ; l'autre en Italie, c'est la Doire Ripaire (Dora Riparia). Je ne sais qui a prêté à celle-ci le quatrain suivant, qui ne brille ni par la poésie, ni par la modestie :

> Adieu donc, ma sœur la Durance,
> Nous nous séparons sur ce mont.
> Tu vas ravager la Provence,
> Et moi, féconder le Piémont.

La Doire se fait un compliment et dit une méchanceté à sa sœur, deux plaisirs à la fois. La Durance, qui a de l'esprit — elle est provençale — lui répond dans son langage : « Ma sœur la Doire, que vous êtes arriérée ! Vous croyez encore à ce dicton démodé, que la Provence a trois fléaux : moi la Durance, le mistral et le Parlement. Apprenez que nous avons changé tout cela. Depuis qu'un grand ingénieur, M. de Montricher, a su fixer mon humeur jadis un peu volage, je porte non le ravage, mais la fertilité partout, même à Marseille. Le mistral souffle toujours un peu fort, mais c'est pour mieux balayer la Provence. Quant au Parlement, il n'y en a plus... à

Aix. » En écoutant et en traduisant les propos des deux sœurs ennemies, nous quittons le plateau et nous entrons dans la belle Italie, qui pendant longtemps encore ne répond guère à sa réputation. De descente en descente, de terrasses en terrasses, nous arrivons à Oulx. A l'angle de la route un grand hôtel nous apprend par son enseigne : *Alle Alpi Cozie* (aux Alpes Cottiennes) qu'on n'y a point perdu le souvenir du chef gaulois Koth ou Cottius, qui a donné son nom à cette partie des Alpes, comme nous l'avons vu. A Oulx nous trouvons le chemin de fer franco-italien, qui vient de sortir, près de Bardonnèche, du grand tunnel dit du mont Cenis. En perçant près d'ici une petite galerie de 3500 mètres, on souderait la ligne de Marseille-Briançon-Oulx à celle de Turin, et le réseau du sud-est de la France serait relié au réseau italien.

Le *chemin de fer franco-italien*, qui unit directement Paris à Turin et à toute l'Italie, quitte un peu après Chambéry, à Chamousset, la vallée de l'Isère et entre dans celle de l'Arc, qu'il suit jusqu'à l'entrée du grand tunnel à Modane. Le trajet de Chamousset à Modane est assez monotone. Le convoi remonte le large et rapide torrent de l'Arc, qui, descendant de glaciers peu éloignés, coule encaissé entre deux chaînes parallèles de montagnes, tapissées de noires forêts de sapins. On se croirait dans la vallée du Rhône ou le Valais (Suisse). Une autre ressemblance, c'est que cette double chaîne monotone qui borne la vue est, comme celle du Valais, couronnée de magnifiques glaciers qu'on ne soupçonne pas d'en bas : à droite, ceux que de Milan nous avons vu resplendir sur la crête de la grande chaîne ; à gauche, ceux qui séparent la vallée de l'Arc, ou Maurienne, de la vallée de la Haute-Isère, ou Tarentaise. Ce massif savoyard, exploré seulement depuis quelques années, a révélé des beautés alpestres de premier ordre. Nous y reviendrons. Là cime d'argent qu'on voit en approchant de Modane, la Dent Parrachée, termine au sud-ouest le splendide glacier de la Vanoise, une des merveilles de la Savoie.

Modane, ou plutôt la gare de ce nom et tout ce qui s'y rat-
tache, est un de ces endroits qu'on est enchanté de quitter. Gare,
buffet, auberges, tout y est international et peu attrayant. Joignez à cela les formalités de la douane italienne, inutilement
tracassière. Mais n'ayez garde d'offrir au douanier, habillé en
soldat, la *bonne main* avec laquelle nous évitions à bon mar-

TUNNEL DU MONT-CENIS, CÔTÉ FRANÇAIS.

ché, dans l'ancienne Italie, la visite des bagages. Heureux encore
de n'avoir plus à subir l'ennui et la dépense des passeports,
formalité qui ne gênait que les honnêtes gens!

Enfin nous prenons les vagons italiens et l'heure de Rome.
D'un seul coup nous vieillissons de 55 minutes. De la gare
on voit à une grande hauteur, dans la montagne, un trou
noir. C'est l'entrée du tunnel. Comme vous le pensez bien,

on n'y monte pas directement, mais par une immense courbe à
rampe adoucie. Quand le convoi est arrivé au sommet, on
aperçoit Modane à une centaine de mètres en bas. Quelle
chute si l'on venait à rouler ! Ne craignez rien. Comme la
montagne, mécontente d'être troublée, faisait mine de vouloir
se dérober, les ingénieurs ont eu raison de sa résistance. Mais
ils mettent à profit le proverbe italien : « Se fier est bien ; ne
pas se fier est mieux. » *Fidarsi è bene ; non fidarsi è meglio.*

Nous voici engouffrés pour 40 minutes dans ce souterrain qui a
près de treize kilomètres. On ne saurait trop le dire : il n'est point
sous le mont Cenis, qui est à vingt-sept kilomètres d'ici, mais sous
le mont Fréjus. Celui-ci, ayant été à la peine, doit être à l'honneur. Un avis, rédigé en français, en italien et en anglais, invite
les voyageurs à ne pas mettre la tête à la portière — sous
peine de mort — à cause des échafaudages toujours dressés
pour l'entretien des voûtes. Pendant qu'il n'y a rien à voir
que la nuit, résumons l'histoire du tunnel, qui se trouve tout
au long dans l'excellent livre d'Ad. Joanne: *le Jura et les Alpes
françaises.*

C'est un montagnard. M. Médail, du village de Bardonnèche
(Italie), qui a eu la première idée de cette gigantesque entre-

5

prise. Frappé du peu de largeur que présentent les Alpes à cet endroit, il proposa en 1832, au roi Charles-Albert, de percer une galerie (c'est le mot italien, et il vaut bien le mot anglais tunnel) entre Bardornèche et Modane. Une commission fut nommée par le gouvernement sarde pour donner son avis. Au bout de treize ans (en 1845) elle déclara que l'idée était réalisable. Mais avec les moyens de perforation alors connus, il aurait fallu trente-six ans pour accomplir le travail. Après les études et essais de plusieurs savants, un ingénieur savoyard, M. Sommeiller, de Saint-Jeoire-en-Faucigny, inventa une machine perforatrice, ayant pour moteur l'air comprimé par une chute d'eau de vingt mètres. A M. Médail revient donc l'honneur de la conception; celui de l'exécution, à M. Sommeiller, secondé par les ingénieurs Grandis et Grattoni. Commencé le 31 août 1857 par le Piémont seul, poursuivi avec le concours de la France à partir du 7 mai 1862, le tunnel du mont Fréjus a été terminé en treize ans, avec une dépense de 75 millions. Le jour de Noël 1870 toute l'Europe, excepté Paris assiégé et séparé du monde, apprit que l'Italie et la France s'étaient donné la main au point précis fixé par la science. M. Sommeiller a vu l'achèvement de son œuvre, mais non l'inauguration, qui eut lieu le 17 septembre 1871. Il était mort deux mois auparavant à Saint-Jeoire-en-Faucigny, son pays. Par une pensée qui l'honore, le gouvernement italien a élevé à Sommeiller une statue inaugurée le 22 octobre 1879, à Turin, en présence du roi. Le percement du tunnel du mont Fréjus et celui de l'isthme de Suez sont les deux plus grandes œuvres du siècle. A chacune d'elles est attaché un nom français, Sommeiller et Lesseps!

Pendant que nous causons, la locomotive nous remorque en soufflant jusqu'au point culminant du tunnel, qui est en même temps la frontière franco-italienne. Ici nous avons sur la tête 1600 mètres ou 4800 pieds de rochers, de neige et de glace. Quelques voyageurs se plaignent d'éprouver une certaine gêne de respiration. Je n'ai jamais, pour ma part, constaté qu'un

MACHINE PERFORATRICE.

peu d'élévation dans la température. De là nous descendons en Italie; l'obscurité diminue enfin; voici la lumière, et avec elle le grand air que chacun aspire à pleins poumons. Nous sommes à Bardonnèche. Mais nous avons encore plus de mille mètres pour descendre à Turin. Nouvelles galeries et viaducs passent comme des éclairs. Le regard plonge dans de profondes vallées, et notamment sur le fameux Pas de Suze, forcé le 6 mars 1639 par la *furia francese*. A peine avons-nous le temps de jeter un coup d'œil en passant sur la belle cime blanche de Rochemelon, le fort d'Exiles, ancienne prison d'État, les lacets de la route du mont Cenis et la ville de Suze. Nous voici dans la plaine, puis dans la belle gare de Turin.

Depuis l'ouverture du chemin de fer, la *route du mont Cenis* a tout perdu, même son nom, que lui a pris son heureux rival. Jusqu'à Modane la locomotive et les chevaux de quelques voitures obstinées marchent parallèlement. De là, la route continue le long de l'Arc, de plus en plus torrentueux, passe entre les ponts-levis du fort de l'Esseillon, fait contre la France et devenu français, touche à Termignon, point de départ du col de la Vanoise — retenez ce nom, qui sera bientôt célèbre — et arrive à Lans-le-Bourg. Ce pauvre village vivait de la route; le chemin de fer l'a tué comme elle. Tous les personnages qui ont passé là, Marius, Constantin, Charlemagne, Louis le Débonnaire, qui fonda un hospice au col, Pie VII, qui traversa deux fois le mont Cenis, en 1804 pour aller sacrer Napoléon, et en 1808 pour aller en prison, sous la conduite des gendarmes, tous, s'ils revenaient, prendraient le chemin de fer. Dieu me garde de médire d'une grandeur déchue! Mais de toutes les routes des Alpes, celle-ci est certainement l'une des moins intéressantes et des moins pittoresques. Construite en même temps que celle du Simplon, de 1802 à 1806, ce qu'elle a de particulier, c'est le couloir par lequel les voyageurs descendaient en hiver à Lans-le-Bourg, sur la neige, dans de petits traîneaux, à la *ramasse* — ce mot savoyard indique quel était

ROUTE DU MONT CENIS.

leur sort; la belle vue qu'on a du col (1964 m.) au nord et à l'est sur les glaciers de la Vanoise et ceux où l'Arc et l'Isère prennent leurs sources; le petit lac qui, gelé pendant huit mois, nourrit cependant d'excellentes truites. Aprèsun plateau monotone, la descente rapide le long de la Cenise, affluent de la Dóire, entre le mont Cenis et la pyramide neigeuse de Rochemelon, offre de beaux points de vue avant l'arrivée à Suze. Cette jolie petite ville, clef des deux passages du mont Cenis et du mont Genèvre, a eu sa splendeur. Capitale du roi Koth, chef des clans de ces montagnes, elle avait érigé en l'honneur d'Auguste un bel arc de triomphe en marbre blanc, fort bien conservé. Sa situation pittoresque, ses monuments antiques méritent une visite qu'on fait rarement aujourd'hui, parce qu'elle n'est plus un relai de poste sur la route abandonnée, ni une station du chemin de fer, qui passe au-dessus d'elle et auquel elle est rattachée par un petit embranchement.

La *route du Petit Saint-Bernard*, entre la Savoie et le Piémont, de Chambéry à Turin par Aoste, commence maintenant à Moutiers, où elle arrive après avoir touché la jolie station d'Albertville, et où se termine le chemin de fer. Elle remonte la pittoresque vallée de la haute Isère, par Moutiers, jusqu'à Bourg-Saint-Maurice. Cette partie de la Savoie, ou Tarantaise, est admirablement-belle. Elle n'a qu'un tort, c'est d'être en France; et par conséquent peu visitée. Nous y reviendrons.

Bourg-Saint-Maurice est au pied du Petit Saint-Bernard, comme Lans-le-Bourg au pied du mont Cenis, mais dans une situation bien plus pittoresque. Dans le voisinage est une montagne qui faisait beaucoup de bruit en 1877 : celle de Sainte-Foy, qui s'écroulait, non en bloc, mais en détail et avec des intermittences assez régulières. J'espère, dans l'intérêt des deux villages dont elle a détruit plusieurs maisons, qu'elle a cessé ses canonnades. Ce qui ne cessera pas, il faut le souhaiter, c'est le costume original des femmes du pays, et surtout leur jolie coiffure appelée *frontière*. La montée en zigzag au col du

LE MONT CERVIN.

Petit Saint-Bernard, douce et facile, paraîtrait un peu longue, si
la vue n'était sans cesse charmée par une admirable pyramide
de glace qui a le malheur de s'appeler le mont Pourri. (Le
Faulhorn, qui est à la mode dans l'Oberland, a le même nom ;
mais c'est en allemand.)

Un peu avant d'atteindre le point culminant de la route
(2186 m.) nous trouvons l'hospice du Petit Saint-Bernard. Il y a
900 ans, parmi les voyageurs qui traversaient ce passage, déjà très
fréquenté, ainsi que celui du mont Joux (aujourd'hui le Grand-
Saint-Bernard), beaucoup mouraient en chemin de fatigue, de
faim ou de froid. Un homme s'est rencontré, à qui la charité
chrétienne inspira l'idée de les soustraire aux dangers qu'ils
couraient. C'est saint Bernard de Menthon. Son histoire, très
véridique, pourrait s'appeler *le roman d'un jeune homme
pieux*. Il était d'une ancienne et illustre famille de Savoie dont
les descendants habitent encore le château de Menthon, sur les
bords du lac d'Annecy, et il avait étudié à l'Université de Paris.
A son retour, son père lui annonça qu'il lui avait choisi pour
femme une belle et noble héritière : Marguerite de Miolans.
Le jeune homme objecta timidement qu'il avait plus de vocation pour l'Eglise que pour le mariage ; mais par obéissance
filiale il se résigna à son bonheur. Le jour de la cérémonie
arrivé, le fiancé fit défaut. Il s'était évadé pendant la nuit par
une fenêtre qui donne sur un précipice. Dans une lettre respectueuse, il priait ses parents et sa fiancée de lui pardonner, à
cause de l'irrésistible vocation que l'entraînait à Rome et vers
la vie religieuse. Avec de telles dispositions, il aurait été sans
doute un mari médiocre ; il fut un grand saint. Devenu archi-
diacre d'Aoste, il réalisa en 962 un projet longtemps mûri. Aidé
de quelques hommes dévoués comme lui, il fonda deux asiles
dans les solitudes glacées des deux montagnes voisines, auxquelles la reconnaissance publique a donné son nom. Pendant
quarante ans il résida alternativement dans l'une et dans l'autre.
Il est question — mieux vaut tard que jamais — de lui ériger

au Petit Saint-Bernard une statue, honneur prodigué à ceux qui ont fait tuer le plus d'hommes. Lui, il a eu et il a inspiré à ses successeurs le dévouement nécessaire pour en sauver des milliers. Il passe en moyenne par an au Petit Saint-Bernard douze mille, et au Grand Saint-Bernard, vingt mille voyageurs pauvres. Essayez de calculer combien auraient succombé depuis 900 ans, s'ils n'avaient pas trouvé, aux points les plus dangereux des deux passages, un abri, du feu, des aliments, et souvent des secours contre les avalanches. L'hospice du Petit Saint-Bernard, qui est à quelques pas de notre frontière, sur le territoire italien, est desservi par l'ordre militaire et religieux des Saints-Maurice-et-Lazare. Un supérieur y réside toute l'année avec quelques domestiques, et tous les voyageurs y reçoivent l'hospitalité gratuitement, s'ils le veulent.

L'hospice et le col sont dominés par le dôme d'argent et quelques aiguilles du mont Blanc. Sur la route, près du joli petit lac de Vernet, on remarque une belle colonne de marbre appelée la colonne de Joux, unique reste d'un monument élevé à Jupiter, et le cirque d'Annibal, où, selon la tradition, le grand général carthaginois tint un conseil de guerre avant de descendre en Italie. Au dire des érudits, le Petit Saint-Bernard a beaucoup de titres pour revendiquer l'honneur de ce fameux passage. Mais son plus beau titre de gloire, à mon avis, c'est l'incomparable vue qu'on découvre du pic voisin de Lancebranlette. C'est un crime de lèse-Alpes, quand on passe le Petit Saint-Bernard, que de ne pas faire cette facile ascension de trois heures au plus, par une pente de gazon un peu raide, mais couverte de fleurs. Pas l'ombre de danger, presque aucune fatigue, et au sommet, à 800 mètres au dessus de l'hospice, un merveilleux panorama circulaire. Devant vous, tout près, au nord : le mont Blanc, avec sa formidable chaîne d'aiguilles et de glaciers qui tombe presque à pic du côté de l'Italie ; à sa suite, les colosses que nous avons vus de loin, à Milan : le Velan, le Combin, le Cervin, la Dent Blanche,

le Mischabel et le splendide mont Rose — je ne nomme que les
plus connus ; au sud et à l'est, une partie des Alpes Graïes
(le pic est justement au point de jonction des deux chaînes
Pennine et Graïe) et l'immense glacier du Ruitor, le plus
grand des glaciers italiens ; enfin, à l'ouest, les Alpes de la Savoie
et du Dauphiné, qui, partant de la grande chaîne, étendent au
loin leurs puissantes ramifications. Au-dessous de ce monde
de dômes, d'aiguilles, de pyramides qui rivalisent de blancheur
et d'élévation, l'œil plonge d'un côté sur la verte vallée de l'Isère
et les plaines de la Bresse et du Lyonnais ; de l'autre, sur
le val d'Aoste et le Piémont. Il est rare de trouver dans les
Alpes des belvédères aussi élevés (près de 3 000 m.), aussi facilement accessibles et aussi beaux. C'est un jeu et un plaisir de
descendre à l'hospice, et de là, par la route, aux bains de
Pré-Saint-Didier et de Courmayeur, charmantes stations d'été,
puis, le long de la Doire Baltée, à Aoste. Rien ne manque au
val d'Aoste de ce qui fait le charme des vallées alpestres : glaciers au fond, à droite et à gauche, forêts, cascades et torrents,
vallées latérales, châteaux en ruines sur les hauteurs, et, à
mesure que l'on descend, une végétation de plus en plus
luxuriante et italienne. La langue seule est française, et la population d'origine gauloise. Qui ne connaît, au moins de nom,
la cité d'Aoste (l'antique Augusta Salassorum)? Sa célébrité est
due moins à sa situation pittoresque, à ses beaux monuments
romains, qu'au petit livre de Xavier de Maistre : *le Lépreux
de la cité d'Aoste*, un chef-d'œuvre qui vivra plus longtemps
que ces monuments.

C'est à Aoste que débouche également la *route du
Grand Saint-Bernard*, que nous allons suivre. Dans chacune
des routes précédentes, une moitié appartient à la France et
l'autre à l'Italie. Celle du Grand Saint-Bernard commence en
Suisse, à Martigny, dans le Valais, un peu au-dessus du lac de
Genève, pour aboutir à Aoste. Quoiqu'elle ne soit carrossable
que sur les deux versants et que la partie supérieure soit encore

l'ancien chemin de mulets pratiqué par les Romains, je la mets au nombre des grands passages des Alpes, à cause de sa célébrité et du nombre considérable de voyageurs qui la traversent chaque année. Il est impossible de mieux caractériser ce passage qu'on ne l'a fait dans les lignes suivantes. « Le Grand Saint-Bernard est remarquable à cause de l'hospice surtout, à cause de cette sainte maison où depuis tant de siècles la charité chrétienne veille avec une affectueuse sollicitude sur ceux qui s'engagent dans ces mornes vallées. Celle qui conduit à l'hospice est d'abord champêtre plutôt que pittoresque, jusqu'à ce qu'elle devienne belle de nudité et de désolation, plutôt encore que de grandeur et d'éclat. Choisissez donc cette voie, faites votre pèlerinage à l'hospice, vous qui trouvez avec raison plus de beauté dans ce monument d'une chrétienne pensée que dans les merveilles des glaces éternelles ou dans la majesté des forêts séculaires. » Qui s'exprime ainsi ? C'est un protestant, un homme de cœur et d'esprit, le Génevois Töpffer[1]. Pour nous Français, le Grand Saint-Bernard a encore un autre intérêt : nous y retrouvons les traces de nos pères. Qui de nous, même encore aujourd'hui, pourrait passer sans émotion dans ce sauvage *défilé de Marengo*, où, du 15 au 21 mai 1800, ils ont traîné, à travers des difficultés inouïes, leurs canons démontés ? Et le chef qui commandait à de tels soldats, comment ne pas se le représenter passant le dernier, non sur un cheval fougueux, comme l'a peint David, mais sur un paisible mulet, faisant causer son guide, qui ne le connaissait pas et dont il se plut à être le bienfaiteur ? On montre encore l'endroit où le mulet, ayant fait un faux pas, faillit entraîner dans l'abîme le futur César et sa fortune. Si cette tradition est vraie, comme il a tenu à peu de chose que les destinées de la France et du monde ne fussent à jamais changées ! Par le précieux concours qu'ils donnèrent à notre armée, les religieux du Saint-Bernard

1. *Voyages en zigzag dans les Alpes.*

payèrent largement leur dette à la France, qui depuis Louis XV
leur allouait une modique subvention annuelle de 1500 livres.

Revenons au présent. Quand vous arrivez à l'hospice, situé à

HOSPICE DU GRAND SAINT-BERNARD.

2620 mètres, grand bâtiment nu et triste comme le plateau où
il s'élève, vous êtes reçu par le frère *clavandier*, qui vous offre
une collation et vous conduit, si vous devez passer la nuit,
dans une chambre simplement mais convenablement meu-
blée, puis dans le salon, où vous trouvez un bon feu et un

piano, don d'une Française. Les religieux font avec cordialité les honneurs de leur table à leurs visiteurs. La conversation y est libre, intéressante et souvent gaie. Je m'y suis trouvé en compagnie d'une intrépide alpiniste anglaise qui avait marché ce jour-là quatorze heures et ne paraissait pas fatiguée. Comme on parlait de ses ascensions — elle avait escaladé toutes les montagnes connues — : « Mademoiselle, lui dit le plus âgé des religieux, vous en avez encore une à faire. — Oh! laquelle, je vous prie ? — Il vous reste à monter plus tard... au ciel. — Ils sont là dix ou douze religieux, de l'ordre de Saint-Augustin, vivant toute l'année sous un climat analogue à celui de la Sibérie. En hiver, le thermomètre y descend à 25 degrés et la neige y monte à 10 ou 15 mètres. Les provisions nécessaires pour l'alimentation des vingt mille voyageurs qui passent en moyenne par an — à certains jours, en automne et au printemps, il y en a cinq cents à la fois — et le bois avec lequel on entretient le feu toute l'année, sont apportés à dos de mulets du fond des vallées voisines et pendant deux mois seulement. La santé s'use vite dans de pareilles conditions. Les religieux fatigués sont envoyés à l'hospice du Simplon, où la vie est un peu plus douce, ou dans quelques cures dépendant de l'ordre. Les infirmes et les vieillards vont mourir à la maison mère, à Martigny en Valais. Chaque jour, deux d'entre eux partent, l'un du côté de l'Italie, l'autre du côté de la Suisse, avec un domestique ou *maronnier* portant du vin et du pain, et avec un ou deux chiens pour avant-garde. Ils vont au-devant des voyageurs. Quand ils en rencontrent, ils les réconfortent, les aident au besoin, les forcent à marcher, s'ils les voient prêts à céder au sommeil, précurseur de la mort, parfois enfin les arrachent à l'avalanche ou restent eux-mêmes ensevelis dans la neige avec eux. Saluez, à vingt minutes de l'hospice, la croix qui indique l'endroit où, le 5 novembre 1845, le P. François Cart est tombé, comme un soldat sur le champ de bataille. Et il n'est pas le seul!

Et les chiens du Saint-Bernard, dira-t-on ! Car c'est toujours d'eux qu'il est d'abord question. Ces chiens font bien leur métier et méritent leur popularité ; mais ils ne doivent pas faire oublier ceux qui les conduisent. Avec un merveilleux instinct, ils vont, sans s'égarer jamais dans la neige, à la chasse à l'homme pour son bien. Un d'eux est légendaire : Bary, le héros d'une histoire vraie popularisée par la gravure. Un jour qu'il rôdait seul, il trouve étendue sur le chemin une pauvre femme qui, à bout de forces, était tombée, pressant sur son sein sa petite fille. La neige commençait à les couvrir de son froid linceul. La mère était morte ; l'enfant respirait encore. Bary la réchauffe, la ranime ; mais il fallait la porter au plus vite à l'hospice. Se couchant près d'elle, il fait si bien que l'enfant, comprenant son idée, entoure son cou de ses petits bras et monte sur son dos. Vite, il court porter aux religieux son précieux fardeau. Vous jugez si l'intelligente bête fut fêtée ! Bary fut moins heureux une autre fois. Comme il prodiguait à un soldat français, à moitié évanoui, les mêmes soins qu'à la petite fille, celui-ci, dans le demi-réveil de son intelligence, croyant avoir à faire à une bête féroce, tire son sabre et tue son sauveur. Vous pouvez voir Bary dans le petit musée de l'hospice, à côté des ex-voto offerts par les anciens à Jupiter Pennin et trouvés dans les ruines du temple antique qui s'élevait à cette même place. Faisons nos adieux aux successeurs de saint Bernard, à ces humbles et vaillants soldats de la charité chrétienne ; déposons dans le tronc de la chapelle une offrande volontaire, aussi large que possible, et hâtons-nous de descendre, non sans avoir jeté un regard sur la Morgue, où les corps des voyageurs inconnus qui ont péri, restent longtemps exposés sans se décomposer. La montagne a chaque année, comme la mer, ses victimes, malgré le dévouement des sauveteurs. On est heureux de retrouver, avant d'arriver à Aoste, la verdure, les arbres et la chaleur. En quelques heures on passe de la Sibérie en l'Italie. Le chemin de fer qui conduit de Turin à la jolie ville d'Ivrée, au pied des Alpes, arrivera bientôt à Aoste, et alors cette belle vallée aura, comme la Tarentaise, la fortune qu'elle mérite.

Après le passage du Grand Saint-Bernard, vient celui du *Simplon*, qui s'ouvre également dans le Valais, à Brig, environ 80 kilomètres plus loin. C'est la partie alpestre de la route de Paris à Milan par Genève, la vallée du Rhône et le lac Majeur. Admirable passage, au double point de vue du pittoresque et des travaux d'art. Là, pour la première fois, a été résolu le problème de faire monter une route carrossable au-dessus de 2000 mètres, au niveau des glaciers, pour la faire redescendre à 300, et cela sur un espace de 66 kilomètres. Les ingénieurs français et italiens qui la construisirent de 1801 à 1806 sous la direction de Polonceau, aux frais des républiques française et cisalpine, ont triomphé des difficultés avec tant d'habileté et de succès, que cette route fut le type et le modèle de toutes celles qui ont été établies plus tard. La voie ferrée, qui la remplacera en 1905, va aujourd'hui sans interruption de Paris à Brig et épargne aux voyageurs les lenteurs de la longue et monotone route du Valais. Ne pouvant, comme l'ancien chemin de mulets, remonter directement le torrent de la Saltine, *la route du Simplon*, au sortir de Brig, décrit de grands contours dans des prairies, puis dans d'immenses forêts de sapins, et enfin sur le flanc dénudé de la montagne. Les maisons de refuge et les galeries, multipliées dans la dernière partie, vous avertissent, en été, qu'elle est très exposée aux avalanches en hiver et surtout au printemps. C'est après la galerie de Kaltwasser (Eau froide) par-dessus laquelle un torrent, écoulement du glacier voisin, fait une belle cascade, entre les cinquième et sixième refuge, qu'est le danger, quand danger il y a. A gauche, une pente raide et nue jusqu'au glacier ; à droite, une profonde déchirure au fond de laquelle roule la Saltine. Quand une couche de neige fraîche, reposant sur celles qui ont été durcies par le froid, s'ébranle et se détache, elle glisse en une seule masse, avec une force irrésistible, balayant tout sur son passage. Le

2 avril 1879, quatre hommes, ayant voulu continuer leur chemin malgré les avis du cantonnier n° 6, sont pris en écharpe par une avalanche. Deux sont assez heureux pour s'accrocher à des arbustes, et le torrent de neige coule par-dessus leurs têtes. Les deux autres roulent entraînés dans le précipice. A leurs cris, le cantonnier du refuge n° 5 et un

CHIENS DU GRAND SAINT-BERNARD.

domestique ou maronnier de l'hospice, sans calculer le danger, se précipitent à leur secours. Nouvelle avalanche et nouvelle catastrophe. Le cantonnier, victime de son dévouement, reste enseveli sous l'énorme masse. Le domestique, ayant eu la présence d'esprit de tenir sa main devant sa bouche, pour se préserver de l'asphyxie, se dégage comme par miracle, malgré plusieurs blessures, et remonte en quatre heures à l'hospice.

LE JUNGFRAU.

Je me suis trouvé, par ma faute — je le dis pour que cela serve
de leçon aux imprudents — exposé au même danger, dans le
même endroit, le 11 avril 1874. J'avais voulu voir les Alpes
revêtues de leur manteau d'hiver. Cette curiosité faillit me
coûter cher. Encore si j'avais été seul ! Je n'oublierai jamais
cette lugubre journée et surtout la mortelle demi-heure que
nous avons passée là, entre les deux refuges, en compagnie de
vingt-deux autres passagers, hommes, femmes et enfants. Pendant qu'une escouade de douze montagnards démolissait, pour
frayer un passage à nos traîneaux, une masse de neige qui
venait de glisser un quart d'heure auparavant et d'obstruer la
route, j'observais d'un œil inquiet une couche qui faisait mine
de vouloir se détacher au-dessus de nos têtes, pensant (triste
consolation !) que s'il nous arrivait malheur je serais blâmé et
non plaint, et jurant, mais un peu tard, qu'on ne me repren-
drait plus à traverser les Alpes au printemps, si je les traversais
cette fois [1].

Un peu au-dessus de ce mauvais passage, dont on ne soupçonne pas le danger quand on le voit en été, on atteint le
point culminant du col, indiqué par une croix. Dans presque
toutes les routes des Alpes, après des abords admirables, la
partie supérieure est triste, désolée et sans vue. On dirait qu'au
Simplon les ingénieurs, voulant joindre le beau à l'utile, ont
ménagé au voyageur la surprise d'un splendide panorama.
Retournez-vous : vous avez devant vous, au-dessus de la vallée
du Rhône, une partie de la chaîne éblouissante des Alpes
Bernoises, celle où pyramide le pic gigantesque de l'Aletschorn,
et où l'immense coulée blanche qu'on appelle le glacier
d'Aletsch descend en serpentant du sommet de la Jungfrau ; à
votre droite, presque au niveau de la route, les glaciers du
Monte Leone et du Kaltwasser qui s'élèvent en dômes arrondis ;

1. Ceux qui seraient curieux d'avoir des renseignements détaillés sur cette
aventure, peuvent lire dans le *Journal d'Éducation et de Récréaton* (1er juillet
1874) l'article : « Les Alpes au printemps. »

UNE GALERIE, ROUTE DU SAINT-GOTHARD.

à gauche, le magnifique Fletschhorn, ruisselant de glaces; à vos pieds, la profonde vallée où gronde la Saltine, et sur les flancs de laquelle de noires forêts de sapins semblent monter à l'assaut. La route du Simplon, et celle du Stelvio, ont seules l'avantage d'offrir, au point culminant, un magnifique panorama qui vient, pour ainsi dire, au-devant du voyageur. Aux autres cols il faut le conquérir par une ascension de plusieurs heures. Quand on passe là au mois de juillet ou au commencement d'août, les rhododendrons couvrent la pente de la montagne d'un tapis de roses, contraste charmant avec les neiges voisines. A quelques pas au-dessous du point culminant et de la croix, l'hospice, vaste bâtiment massif commencé par Napoléon, achevé par les religieux du Grand Saint-Bernard, qui le desservent, vous offre la plus cordiale hospitalité.

La deuxième partie de la route est, à part la vue du col, encore supérieure à la première. Quand, après avoir traversé le village de Simplon, qui a donné son nom au passage, on atteint par des rampes bien ménagées le torrent de la Doveria, qu'on va suivre, on marche pendant trois heures de surprise en surprise, de merveilles en merveilles. Les gorges de Gondo, d'Isella et de Crevola, qu'on traverse successivement, les galeries, les ponts jetés sur la Doveria, qui bondit de chute en chute, la superbe cascade du Frissinone, qui se précipite au sortir de la grande galerie de Gondo, les restes des avalanches du printemps, qui presque toujours forment encore en été des ponts de neige, sous lesquels le torrent s'est frayé un passage, tout concourt à composer un des tableaux les plus grandioses des Alpes. La Via Mala, quelque belle qu'elle soit, est inférieure à cette partie du Simplon, qu'on appelle le Val Vedro.

Le dangereux chemin de mulets qu'a remplacé la belle route moderne faillit être fatal à une colonne française qui le suivait en 1800, pendant que Bonaparte franchissait le Grand Saint-Bernard. Le général de Béthencourt, qui la commandait, avait l'ordre de devancer les Autrichiens au débouché du passage en

Italie. Près d'Isella, une avalanche s'abat tout d'un coup sur le chemin, enlève les hommes qui marchaient en tête et brise le pont, le seul qui unissait les deux rives. Il fallait passer à tout prix. Un soldat se dévoue. S'accrochant aux saillies des pierres et aux trous qui avaient servi à porter les poutres du pont, il descend dans le ravin, passe le torrent et remonte heureusement sur le bord opposé. Une corde qu'il avait emportée est tendue. Le général, se suspendant par les mains à ce *pont* jeté sur l'abîme, passe le premier; et après lui ses mille hommes avec leurs armes. Pendant ce temps on entendait battre la charge au fond du ravin. Un jeune tambour, enlevé et à moitié enseveli par le torrent de neige, appelait ainsi à son secours. Le temps pressait, le sauvetage eut été long; le pauvre enfant fut sacrifié! Et pendant que la colonne s'éloignait avec douleur! les sons devenaient de plus en plus faibles; bientôt ils eurent cessé. Je n'ai jamais passé près d'Isella sans entendre retentir le funèbre appel du tambour.

Au sortir de la gorge de Crevola et de ses sublimes horreurs, le décor change tout à coup. La vallée de la Tosa apparaît gracieuse, souriante, avec ses montagnes qui vont en s'abaissant vers le midi et sont couvertes de villas et de chapelles. *Italiam! Italiam!* s'écrie-t-on involontairement, comme les compagnons d'Énée. Le ciel, la végétation, les costumes, la langue, la jolie petite ville de Domo d'Ossola, tout est italien. Là cesse le voyage à pied, et par une route poudreuse la voiture vous conduit au lac Majeur et aux Iles Borromées, une autre merveille.

Tel est le passage du Simplon, le plus beau, le plus pittoresque des grands passages des Alpes. Qu'on ne croie que, dans mon admiration, je sois aveuglé par l'amour-propre national, quelque légitime qu'il soit. Ce qui prouve le contraire, c'est le témoignage d'un juge très compétent, le genevois Töpffer, non suspect de partialité pour tout ce qui vient de la France. « Pour qui ne peut ou ne veut voir qu'un passage des Alpes, dit-il, c'est, à tout prendre, celui du Simplon qu'il doit choisir. »

Et cependant, tout admirable qu'est cette route, nous devions regretter qu'elle ne fût pas encore devenue inutile, comme celle du mont Cenis. Les routes ont fait leur temps, non pour les voyages d'agrément, mais pour les grands intérêts commerciaux et politiques des nations. Le chemin de fer du Simplon, projeté, étudié, commencé depuis longtemps, aurait dû être achevé depuis des années. Cette voie est la plus directe de Paris et de Londres à Milan, Brindisi, Suez, aux Indes et en Chine. Pendant que la Compagnie du Simplon, après avoir inauguré avec fracas un premier tronçon, perdait dix années précieuses, pendant que la voie ferrée atteignait à grand'peine le pied de la montagne à Brig, la ligne du Gothard, commencée bien plus tard, avançait avec une telle rapidité, qu'elle a été livrée à la circulation en 1880, accaparant, au grand avantage de l'Allemagne et à notre détriment, le courant du plus grand trafic international. Or il est plus facile d'établir un courant que de le changer. L'intérêt de la France, celui de la Suisse romande, intimement lié au nôtre, exigeaient impérieusement l'achèvement de la ligne ferrée à travers les Alpes Pennines, soit par le Simplon, soit par le mont Blanc.

Après le Simplon vient le *Saint-Gothard*, « nu, sévère, monotone, où la route s'élève graduellement avec la vallée de la Reuss, court en ligne droite sur le plateau du sommet, puis se tourmente en mille replis sur les parois d'un abîme au fond duquel elle se perd dans l'ombre pour déboucher sur les riantes prairies d'Airolo [1] ».

La route du Saint-Gothard conduit de Bâle et de la Suisse allemande à Milan. Elle offre à l'admiration : d'un côté le lac des Quatre-Cantons, le plus varié, le plus grandiose des lacs de la Suisse ; la vallée de la Reuss, d'abord verte et riante, puis sauvage aux abords du pont du Diable, toujours pittoresque ; sur le versant italien, la source et les superbes chutes du

1. Töpffer.

GOESCHANEN, ENTRÉE DU TUNNEL DU SAINT-GOTHARD.

Tessin, le Val Tremola (Val Tremblant), où Lecourbe, en disputant pied à pied le terrain à Souvarow, prépara la grande victoire de Masséna à Zurich ; enfin, au bas de la descente, le beau lac de Côme ou le lac Majeur, bleu comme la Méditerranée. Quant au long plateau du sommet, si vous vous contentez, comme presque tous les voyageurs, de le traverser rapidement, vous le trouverez, comme Töpffer, « nu, sévère et monotone ». Mais prenez la peine de monter sur une des cimes qui dominent le col, sur le pic Central surtout : quel changement ! Vous saisissez d'un coup d'œil l'importance de ce massif, qui vous apparaît, ce qu'il est, la clef de voûte des Alpes. Du haut du pic Central, parfaitement nommé, aiguille de 3000 mètres où il n'y a place que pour trois ou quatre observateurs, non seulement vous admirez les innombrables colosses qui se dressent à l'envi depuis la Savoie jusqu'au Tyrol, et dont quelques-uns, comme le Schreckhorn, semblent à portée de la main, mais vous voyez partir, comme du milieu d'une étoile à six branches, et rayonner dans tous les sens, les diverses chaînes qui composent le système alpin : les Alpes centrales, les Alpes bernoises, les Alpes d'Uri (Titlis, etc.), les Alpes de Glaris (Tödi et Glarnisch), les Alpes des Grisons et du Tessin. De ce même point central descendent les six vallées du Rhône, de l'Aar, de la Reuss, du Rhin, de la Tosa et du Tessin, qui vont porter leurs eaux, à travers la Suisse, la France, l'Allemagne et l'Italie, à la Méditerranée, à la mer du Nord et à l'Adriatique. Ce qui les alimente, ce sont ces immenses glaciers qui s'étendent autour de vous à perte de vue : le Galenstock, le Gries, le Leckihorn, le Lucendro, le Basodino, etc. Voilà le grand réservoir de l'Europe. C'est à 2000 mètres environ sous cette masse énorme de glaces éternelles, sous le lac Sella, d'où sort le Tessin, que pendant huit ans une armée d'ouvriers a fouillé, percé les entrailles de la montagne, pour creuser ce long souterrain de 15 kilomètres qui s'appelle le tunnel du Saint-Gothard. Commencé en 1872 à Gœschenen du côté de la Suisse, à Airolo du côté de l'Italie, poursuivi, à travers bien des vicissitudes, sous la direction de Louis Favre, de Genève, il a été achevé le 29 février 1880. Plus long de 2 kilomètres (14 912 mètres) que le tunnel du Fréjus, il a coûté moins cher, à cause de l'expérience acquise. La dépense a été supportée par la Suisse, l'Italie et surtout par l'Allemagne, qui a cherché et qui trouve dans cette grande entreprise internationale son bien d'abord, puis le mal de la France. A nous de le comprendre — ce n'est pas difficile — et de nous défendre dans cette guerre d'un nouveau genre. Nous avons percé le Fréjus. Nous pouvions et nous devions percer sans tarder le Simplon ou le mont Blanc, pour sauver notre commerce et notre influence.

A l'est du Gothard sont les deux routes parallèles et très rapprochées du *Bernardin* et du *Splugen*. De la jolie ville de Coire, capitale du canton des Grisons, où finit le chemin de fer, jusqu'au village de Splugen, elles se confondent, remontant le Rhin et traversant le célèbre défilé de la Via Mala. La montagne ayant été fendue du haut en bas, d'un seul coup, comme avec un coin gigantesque, sur une longueur de trois lieues, le fleuve et le chemin ont profité de cette étroite et profonde fissure pour s'y glisser, l'un suivant l'autre. Le Rhin s'y est creusé d'effroyables abîmes. Le chemin les côtoie, les domine, et les franchit sur trois ponts si élevés, qu'on y voit et qu'on y entend à peine le torrent perdu dans ces profondeurs. La Via Mala mérite, non plus son nom (*voie mauvaise*), mais sa célébrité. A l'entrée et à la sortie du défilé, ainsi que dans la verte oasis qui en sépare les deux parties, les hauteurs sont couronnées de châteaux en ruines, anciens repaires de seigneurs brigandeaux, dont l'un fut cause au xv° siècle, comme Gessler à Altorf, du soulèvement et de l'émancipation du pays. Il était entré dans la chaumière d'un paysan et avait craché dans la bouillie qui cuisait sur le feu : « Mange ce que tu as assaisonné, » dit le paysan, en lui plongeant la tête dans le liquide bouillant. Jean Caldar fut le Guillaume Tell des Grisons. Au sortir de la seconde partie du défilé, moins sauvage, mais non moins pittoresque que la première, au village de Splugen, les deux routes du *Bernardin* et du *Splugen* se séparent.

Suivons d'abord la première, plus rapprochée du Saint-Gothard. A Hinterrhein commence la véritable montée. Au fur et à mesure qu'on s'élève, par les seize longs lacets qui mènent au col (2069 m.), la vue *doit* être fort belle sur le fond de la vallée du Rhin, le massif de l'Adula et les énormes glaciers d'où le grand fleuve, ou du moins le bras postérieur (Hinter-Rhein), sort d'une caverne de glace, comme le Rhône. Je dis que la vue *doit* être, et non qu'elle est fort belle, parce que, bien que j'aie passé là en plein jour, je n'ai vu qu'un brouillard intense. Les vues de ce genre ne sont pas rares dans les Alpes; elles ont l'inconvénient — ce n'est pas le seul — de se ressembler comme deux gouttes d'eau. La descente sur l'Italie par le val Misocco est rapide, les lacets nombreux et très courts. Au milieu du brouillard, je voyais les chevaux de la diligence exécuter une espèce de valse, avec accompagnement de grelots. Au bas de la descente est la ville de Bellinzona, jolie et pittoresque comme toutes les petites villes situées au pied du versant italien, et l'une des capitales du canton suisse du Tessin. Ce canton, grand comme un de nos départements, se donnait naguère le luxe d'avoir trois capitales, où le gouvernement siège tour à tour pour satisfaire tout le monde. Locarno, où finit la route du Bernardin et qui sert de port au lac Majeur, était la deuxième.

Revenons au village de Splugen pour prendre la route à laquelle il a donné son nom et qui a remplacé avantageusement l'ancien chemin pratiqué par les Romains. Construite de 1819 à 1821 par l'empereur d'Autriche, qui a travaillé — comme nous — mais sans le savoir et le vouloir, pour le roi d'Italie, et plus fréquentée que le Bernardin, elle fait communiquer la partie orientale de la Suisse avec la Lombardie, alors province autrichienne. De Splugen, qui

CHUTE DU RHIN (PASSAGE DE LA VIA MALA).

est à 1450 mètres, elle n'en a que 600 à monter pour gagner
le col; mais elle en a ensuite 1900 à descendre pour atteindre
le lac de Côme. Afin de mettre les voyageurs à l'abri des avalanches, les ingénieurs autrichiens ont construit de longues
galeries, presque continues, en forte maçonnerie, éclairées la
nuit comme les *passages* parisiens. Ils n'ont pas cherché à
faire grand, comme nous au Simplon. Pour éviter la gorge du
Liro, très exposée aux avalanches — le corps d'armée de Macdonald y avait beaucoup souffert en 1800 — ils ont plaqué sur
le flanc de la montagne, une route semblable à un escalier tournant, qui a plusieurs centaines de mètres de haut, et dont les
marches sont praticables aux voitures. Du haut de cet escalier
se précipite, d'un seul bond de 800 mètres, la superbe cascade
de Madesimo, et la diligence fédérale s'arrête complaisamment
pour que les touristes puissent aller l'admirer de près. Plus
bas la route et le Liro serpentent au milieu d'un chaos d'é-
normes rochers éboulés. On dirait que des géants se sont battus là à coups de montagnes. Mais ce qui est une scène d'horreur dans les montagnes dénudées du Dauphiné, au Clapier
de Saint-Christophe, compose ici le tableau le plus pittoresque,
grâce à une magnifique forêt de châtaigniers qui a poussé au
milieu de ces blocs. Nous voici presque dans la plaine, à
332 mètres, à Chiavenna, petite ville très originale, l'ancienne
clé du passage (*chiave*, clé), placée au confluent du Liro et de la
Maira. C'est ce dernier torrent qu'on remonte, pour se rendre
par le col de Maloia, dans l'Engadine, aux célèbres eaux de
Saint-Moriz et aux glaciers de Pontresina. Traversons vite la
contrée marécageuse d'où s'est retiré le lac de Côme, puis
l'Adda qui descend du Stelvio, et quittons à Colico la route du
Splugen pour les bords enchanteurs du lac de Côme.

Les deux dernières grandes routes des Alpes, celles du
Stelvio et du *Brenner*, réunissent l'Autriche et l'Italie.

C'était pour l'Autriche une nécessité politique et militaire
d'avoir une porte toujours ouverte sur ses possessions italiennes,

qui n'aspiraient qu'à secouer son joug détesté. Cette porte elle
la perça en ouvrant, de 1820 à 1825, sur les plans de l'ingénieur Donegani, la route du *Stelvio*, qui relie Vienne à Milan par
Innsbruck, la vallée de l'Adda et le lac de Côme. C'est l'entreprise la plus colossale de ce genre qui ait été exécutée dans
les Alpes. Il ne s'agissait de rien moins que de faire monter à
2757 mètres, plus haut que la limite des neiges éternelles, non
pas les voyageurs, qui passent partout, mais les voitures et les
canons. J'ai dit quelle admiration méritent les routes du Simplon,
du Saint-Gothard et du Splugen. Le Stelvio égale le Simplon
en beauté et le surpasse en grandeur. D'Innsbruck on gagne
Prad, au pied de la montagne, soit par la vallée de l'Inn,
soit par celle de l'Adige supérieur. De ce côté on traverse la
charmante ville de Méran, qui est la Nice du Tyrol, bien qu'elle
soit à une assez grande altitude. On envoie bien aujourd'hui les
poitrinaires passer l'hiver à 1560 mètres au-dessus de la mer,
à Davos en Suisse, où la rigueur du froid est compensée par
l'inaltérable sérénité de l'air. Le Tyrol autrichien est un des
rares pays qui ne s'habillent pas encore à la Belle Jardinière.
Les hommes — race superbe, dont les pères ont si bravement
défendu contre nous, sous la conduite du cabaretier Hofer,
leur pays, que Napoléon avait donné à la Bavière — portent
fièrement un costume pittoresque bien connu. Les femmes
ont une coiffure plus originale que belle : des bonnets à poil
blancs, noirs ou bleus. C'est là model De Prad, au sommet
du passage, 1840 mètres plus haut, la route monte par des
zigzags en pente douce d'abord, puis de plus en plus raides,
côtoyant des précipices. Au fur et à mesure que vous vous
élevez, vos yeux sont rafraîchis par le superbe glacier de
Madatch, que vous voyez d'abord au-dessus de votre tête, puis
à votre hauteur, et enfin au-dessous de vous. La partie supérieure de la route a été mise à l'abri des avalanches par une
longue suite de galeries économiques et pittoresques. Elles ne
sont point taillées dans le roc, comme au Simplon, ni con-

struites en maçonnerie comme au Splugen. C'est simplement un toit en bois reposant sur de fortes poutres et ne couvrant que la moitié de la chaussée. On marche là-dessous à couvert de la pluie et de la neige qui glissent par-dessus. Quand nous avons passé là en 1849, mes amis et moi, une partie du toit avait été renversée, non par la tempête, mais par la guerre. Le noble et malheureux Charles-Albert avait cru pouvoir chasser seul les Autrichiens : *Italia farà da sè* (l'Italie fera par elle-même), avait-il dit. Malgré l'héroïsme de Milan, de Venise et de l'armée, il venait de succomber à Novare ! Ah ! si les pantalons garance, comme le craignait le vieux maréchal Radetski, étaient descendus alors du mont Cenis et du mont Genèvre, s'ils avaient aidé en 1849 à faire l'Italie « libre des Alpes à l'Adriatique », que de maux eussent été épargnés à l'Italie, à l'Autriche elle-même, qui aurait beaucoup gagné à perdre la Vénétie, et enfin à la France !

Le point culminant du Stelvio est un admirable belvédère. Ce qui fait tableau, c'est l'Ortler Spitz, aussi beau que le mont Blanc, quoiqu'il soit moins élevé. C'est une superbe pyramide à la base puissante, aux formes harmonieuses, la cime éblouissante de glaces. A peu de distance le Monte Cristallo rivalise de beauté avec l'Ortler. — Il faut avouer que les Italiens s'entendent mieux que les Savoyards ou les Suisses à nommer leurs montagnes et leurs cascades. — Derrière le bloc de granit qui marque, au point culminant, la limite de l'Allemagne et de l'Italie, et la ligne de partage des eaux de la mer Noire et de l'Adriatique, nous fûmes arrêtés en 1849, à notre passage, par un homme qui, le fusil à la main, nous demanda, non la bourse ou la vie, mais nos passeports. C'était un pauvre soldat hongrois qui montait la garde, à 2757 mètres de haut, les pieds dans la neige et le visage bleu de froid. L'officier autrichien, très poli et fort bien élevé, qui mit sur nos passeports son visa et les mots sacramentels : *Buono per entrare*, le « sésame, ouvre-toi », nous donna une petite leçon de discipline. Comme nous le plaignions un peu indiscrètement d'occuper un poste si élevé : *Cosi si fa* (ainsi se fait), nous répondit-il; comme nous dirions : « C'est la consigne. » Aujourd'hui on trouve au sommet du Stelvio un observatoire météorologique, élevé par le club Alpin Italien.

Quelque belle qu'y soit la vue, on quitte sans peine ces hauteurs glacées. C'est un plaisir de descendre au pas accéléré, pour se réchauffer, les 1550 mètres qui séparent le col des bains de Bormio, situés au fond d'un entonnoir, ou plutôt d'un cirque immense qui rappelle celui que nous avons vu au-dessous du col de Tende. A côté de la maison des Vieux-Bains, s'élève le grand et bel établissement moderne, très fréquenté, construit sur une terrasse d'où l'on a une admirable vue. Comme le Tessin au Saint-Gothard, l'Adda prend sa source, en bouillonnant, au fond du cirque, et va arroser la célèbre vallée de la Valteline, aussi fertile que pittoresque, rôtie en bas par le soleil et rafraîchie en haut par les neiges du mont della Disgrazia. On la suit de Bormio jusqu'à l'embouchure de l'Adda dans le lac de Côme, d'où elle sort à Lecco, le pays que Manzoni a si bien décrit dans son beau livre des *Fiancés* (*I promessi sposi*).

Si le passage du *Stelvio* est le plus élevé des Alpes, celui du *Brenner*, qui vient ensuite, est le plus bas et le plus facile. Aussi a-t-il été fréquenté de toute antiquité. Les Étrusques et les Gaulois y ont précédé les Romains. C'est encore à l'Autriche que revient l'honneur d'y avoir ouvert il y a cent ans la première route carrossable, et en 1867 le second chemin de fer qui ait traversé les Alpes. Il lui importait d'avoir un prompt et facile accès au cœur même de la Lombardie, dans la vallée de l'Adige et vers sa grande place d'armes, Vérone. — Quand l'heure fut venue, Vérone et la Vénétie n'en ont pas moins cessé d'être allemandes.

En suivant la route du Brenner, d'Innsbruck à Vérone par Trente, on passe, sans s'en apercevoir autrement que par la différence des langues, du Tyrol allemand, dévoué à l'Autriche, dans le Tyrol italien, qui ne l'est pas du tout et qui s'appelle *Italia irredenta* (l'Italie non rachetée). La route est jolie plutôt que belle. C'est une agréable promenade à faire en causant, comme je la fis autrefois avec un jeune Tyrolien. Il avait commencé par me tendre sa petite casquette verte, en me demandant, comme une chose toute naturelle, de l'aider à continuer son voyage. C'était la première fois (ce ne fut pas la dernière) que je voyais mettre en pratique cet usage, alors reçu en Allemagne. Quand ce jeune homme sut qu'à Paris j'échangeais la blouse grise (petite tenue des voyageurs il y a trente ans) contre la robe noire du professeur, très honorée... en Allemagne, il n'est sorte de marques de respect qu'il ne m'ait prodiguées. A l'auberge du col du Brenner, me présentant un petit verre d'une liqueur bleue comme la fleur de gentiane, d'où elle est extraite, il me pria de boire le premier; *ad honorem.* Car nous parlions latin pour nous entendre, et ce jeune étudiant — je dois le dire — parlait cette langue comme aucun lauréat du concours général ne pourrait le faire, et beaucoup plus facilement que moi, qui l'enseignais alors. Autre attention de sa part plus délicate: A Mittwald il fit ce qu'il put — un Prussien eût fait le contraire — pour m'empêcher de lire une inscription qui rappelle aux passants que nous, Français, nous avons essuyé là en 1809 une grande défaite. Je l'apprenais, je l'avoue; — on apprend bien des choses, en voyageant à pied. Je courbai la tête humblement, mais la relevai en regardant le plateau de Rivoli, plus généralement connu que Mittwald. Aujourd'hui, plus de ces rencontres, de ces amitiés d'un jour. Nous avons changé tout cela. Nous passons le Brenner en vagon, et l'on sait qu'il est de bon goût de ne pas causer en chemin de fer. Les stations sont à peu près là où étaient les relais de la route. Mais à peine soupçonne-t-on la situation si pittoresque de Botzen ou Bolzano et de Trente, la ville du fameux concile qui a duré dix-huit ans. En échange, le chemin de fer offre à votre admiration vingt-deux tunnels — c'est la monnaie de celui du Fréjus — soixante grands viaducs, sans compter les petits. Quelles belles vues de remblais et de tranchées ! Si vous préférez celle du lac de Garde, quittez le chemin de fer avant Vérone, et de Riva le bateau à vapeur vous mènera, sur le plus grand des lacs italiens, une petite mer aux flots d'azur, jusqu'aux bords heureux où Catulle a chanté, et non loin de Mantoue, où Virgile est né. Ces deux grands poètes, mauvais alpinistes comme tous leurs contemporains, n'ont jamais, que je sache, passé le Brenner, quelque facile qu'il nous paraisse.

Pour terminer le chapitre des routes et chemins de fer des Alpes, il ne me reste plus à mentionner que celle de l'*Arlberg* et les deux voies ferrées ouvertes à l'extrémité orientale de la chaîne. L'une a été inaugurée en octobre 1879. C'est celle qui relie Udine (Vénétie) à Villach (Illyrie), le réseau de la haute Italie au réseau autrichien, par les belles montagnes du Frioul et le col de Tarvis. L'autre, qui date de 1854, est le fameux chemin de fer du *Semmering*, ce ruban de fer de 600 kilomètres qui s'étend de Vienne à Trieste, monte au col du mont Semmering, à 881 mètres, et en descend sur l'Adriatique par Gratz et Laybach. Comme les montagnes de la Styrie, qu'il coupe, ne sont qu'une ramification de la chaîne des Alpes, je me borne à dire que c'est la première des grandes entreprises de ce genre qui ait été exécutée. Elle sera un éternel honneur pour l'ingénieur Carlo di Chega et pour le règne de François-Joseph I", qui l'a inaugurée, comme nous l'apprend l'inscription qu'on lit à l'entrée du tunnel du Semmering et que je traduis :

François-Joseph Ier, empereur d'Autriche,
Pour le commerce des hommes et des choses,
A joint la mer Adriatique à la Germanique.
MDCCCLIV.

7

En résumé, depuis le commencement de notre siècle, les quatre pays copropriétaires des Alpes, la France, la Suisse, l'Italie et l'Autriche, ne pouvant — heureusement — supprimer cette barrière, ont rivalisé d'audace pour l'ouvrir à la civilisation, par des routes d'abord, puis par des chemins de fer. Si l'on établissait un grand concours pour ces admirables travaux de la paix, le jury international décernerait ainsi, à mon avis, les récompenses :

Routes.

Grande médaille d'honneur à l'Autriche, pour le Stelvio.

1ᵉʳ grand prix à la France, pour le Simplon.

2ᵉ grand prix à la Suisse et à l'Italie, *ex æquo.*

Chemins de fer.

Grande médaille d'honneur à la France et à l'Italie, *ex æquo,* pour celui du mont Fréjus, dit du mont Cenis.

1ᵉʳ grand prix à l'Autriche, pour ceux du Semmering et du Brenner.

2ᵉ grand prix à la Suisse et à l'Italie, pour celui du Gothard.

Tout le monde serait récompensé et personne ne serait satisfait. C'est l'histoire de tous les concours.

CHAPITRE VI

CHEMINS ET PASSAGES DE PIÉTONS.
LE COL SAINT-THÉODULE.

Les routes et les chemins de fer des Alpes sont admirables, mais ne sont pas faits pour les alpinistes, pour ceux qui voyagent non pour arriver, mais pour voyager. Ceux-là, et ils sont nombreux, préfèrent et préféreront toujours, dans la montagne, les chemins qu'on ne peut suivre qu'à pied ou tout au plus à mulet. Ce sont les plus élevés et les plus beaux, non pas parce qu'ils sont les plus difficiles (difficulté et beauté ne sont pas synonymes), mais parce qu'ils pénètrent mieux au cœur des Alpes. La plupart de ces chemins de piétons sont restés et resteront tels que Dieu les a faits. Le progrès ne les a point embellis, c'est-à-dire gâtés; il les a seulement rendus accessibles à un plus grand nombre d'admirateurs. Une vie d'alpiniste suffirait à peine pour les connaître tous et une bibliothèque pour les décrire. J'en prendrai un seul pour type, un des plus beaux et des plus fréquentés : le passage du *Saint-Théodule*, entre la vallée du Rhône (Suisse) et celle d'Aoste (Italie), par le massif du mont Rose.

A Viège ou Visp dans le Valais, un peu avant Brig, débouche une de ces vallées latérales du Rhône, étroites, mystérieuses, fermées par un mur de glace, qu'on aperçoit, en passant, du chemin de fer et qu'on visite trop rarement encore; leur tour viendra. Celle-ci, la plus fréquentée, se bifurque, à deux lieues au-dessus de Viège, à Stalden. Là se réunissent deux torrents aux eaux grisâtres, les deux Vièges, sœurs également rageuses. Pour les séparer se dresse entre elles, à une hauteur de 4 000 mètres, la longue chaîne des Mischabel, qui s'avance comme un éperon d'argent jusqu'à leur confluent. La vallée de droite descend de Zermatt et du mont Rose; celle de gauche, de Saas et du Monte Moro. C'est la première que nous allons remonter, en prenant le chemin de fer de montagne pour Zermatt. La voie côtoie le précipice au fond duquel la Viège écume, et suit le flanc d'une montagne si escarpée, qu'on aperçoit en levant la tête un petit village, Emd, qui semble prêt à glisser sur la pente. Aussi les poules y sont, dit-on, ferrées à glace. Traversons Saint-Nicolas, le chef-lieu de la vallée, à laquelle il donne son nom officiel, deux ou trois villages dont l'un est dominé par un glacier surplombant, et arrivons à Zermatt, l'une des capitales de la Suisse d'été. Il y a quarante ans, les rares passants logeaient chez le curé. Aujourd'hui sept hôtels sont insuffisants pour la foule des adorateurs du mont Rose et du Cervin, qui y retiennent leurs places par dépêches télégraphiques. Reposons-nous de cette première marche de huit heures; nous monterons demain matin au col Saint-Théodule.

Au point du jour, quelle animation joyeuse et sérieuse à la fois! Que de départs pour des expéditions plus ou moins difficiles! Quel échange de souhaits de bon voyage et surtout de bon retour! Souhaits non superflus! Plusieurs sont partis d'ici pleins de force et de vie qui ne sont pas revenus, ou reposent dans le cimetière du village! Les guides sont en tenue de campagne : cordes en sautoir, à la main le piolet, emmanché d'une pique et d'une hachette avec laquelle ils taillent, au besoin, des pas dans la glace. C'est la canne des alpinistes sérieux; elle a remplacé l'antique et solennel bâton ferré. Nous voici en route. Trois heures d'une montée un peu raide, mais facile, à travers des pâturages, des forêts, des torrents et des rochers, nous mènent au pied du glacier du Saint-Théodule. Ici nous quittons la terre ferme, le plancher des vaches, comme disent les marins — ce mot est plus vrai dans les Alpes que partout ailleurs — et nous allons nous confier à une mer de glace qui a, comme l'autre, ses abîmes et ses tempêtes. Pour être solides, la neige et la glace n'en sont pas moins de l'eau, et sous toutes les formes, rien n'est *perfide comme l'onde*. Avant de s'y hasarder, on procède à une cérémonie qui ne laisse pas que de faire, la première fois, une certaine impression. La corde est déroulée, le guide chef l'attache avec soin à la taille de tous ses *passagers*, et leur recommande de la tenir toujours tendue, en marchant à 4 mètres environ les uns des autres. « A quoi bon tant de précautions? disent les débutants et les imprudents. Ce

glacier est si *bon* et si uni! » — Ne vous y fiez pas. Les crevasses sont souvent cachées sous une couche de neige. Ces ponts fragiles cèdent parfois sous les pas. Isolé, un voyageur peut disparaître : s'il fait partie d'une *cordée*, vient-il à enfoncer, la corde tendue en avant et en arrière le soutient et le sauve. C'est un garde-fou. Ce qui, sans elle, serait un accident, devient une culbute joyeuse. Ne pas s'attacher les uns aux autres sur un glacier, crevassé ou non, est une imprudence impardonnable. Il faut ne rien laisser au hasard de ce qu'on peut lui enlever et mettre toutes les chances de son côté. C'est assez que le diable s'en réserve une pour lui. Quelques alpinistes très compétents pensent toutefois que la corde, nécessaire sur les glaciers peu inclinés, a plus d'inconvénients que d'avantages dans les pentes rapides, où la maladresse d'un seul peut compromettre et même perdre toute une cordée. Plusieurs catastrophes tristement célèbres semblent leur donner raison. Mais en cela, comme en toute chose, le mal fait du bruit, le bien n'en fait pas. La corde, en empêchant *incognito* nombre d'accidents individuels, a sauvé cent fois plus d'ascensionnistes qu'elle n'en a perdu. Pour ma part, j'ai une raison personnelle de l'aimer et de la défendre. Sans elle, il y a longtemps que je ne pourrais plus discuter la question, qui eût été tranchée à mes dépens.

Vous voilà assurés contre un danger peu probable, mais possible. Ce n'est pas tout. Vous allez fouler toute la journée un tapis de neige *d'une entière blancheur*. Son éclat éblouissant, si l'on ne prend aucune précaution, fatigue la vue ; la réverbération du soleil sur les millions de cristaux qui étincellent à sa surface, ou même, à défaut de soleil, la sécheresse de l'air, brûle la peau du visage et lui donne des tons de brique trop cuite, en attendant qu'elle s'écaille. C'est grave pour le beau sexe et même pour *l'autre*. On dit cependant que, parmi les ascensionnistes, quelques-uns et même quelques-unes, loin de redouter ce cachet des grandes courses, le recherchent. Nous qui n'avons pas cette coquetterie à rebours, nous arborerons prudemment les lunettes de verre fumé et les voiles verts ou bleus, ou mieux ces légers masques de scie blanche inventés par les alpinistes lyonnais. Ce n'est pas beau ; c'est même fort laid. Mais sur le glacier on ne pense pas à faire d'autres conquêtes que celle de la cime désirée.

All right. Le guide chef a donné le signal ; la cordée s'allonge en file sur le glacier. Le matin, la neige est ferme et comme élastique, la marche légère comme l'air que l'on respire. Deux heures d'une montée plus ou moins facile, selon l'état de la neige, suffisent pour atteindre le point culminant du passage, le col Saint-Théodule. A peine avons-nous touché le but, que toute fatigue disparaît à l'instant. Nous pouvons jouir, avec une joie modeste,

UN GUIDE.

du repos et du panorama que nous avons conquis aisément.
A cette hauteur (3322 m.) nous sommes au niveau ou au-
dessus de la moyenne des cimes alpestres. Les géants seuls
nous regardent de haut, deux surtout, à droite et à gauche du
col : d'un côté le Cervin, cet obélisque triangulaire de 1500
mètres, qu'on dirait taillé au ciseau et qui repose sur un pié-

UNE CABANE DU CLUB.

destal de glace de 3000, en tout 4482 (l'obélisque de Louqsoi
en a 27, avec sa base); de l'autre, le petit Cervin, et le Brei-
thorn ruisselant de glace, prolongement du mont Rose qu'il
nous masque; au nord, un monde d'aiguilles ou de dômes d'argent; autour et au-dessous de nous, neuf glaciers, qui se réunis-
ent en descendant vers Zermatt, ouvrent à nos yeux leurs
belles crevasses bleuâtres, et étagent leurs énormes blocs de glace
blanche ou séracs; là-bas seulement, dans le fond, un peu de

verdure du côté de la Suisse et de l'Italie : voilà les traits principaux de ce tableau indescriptible. Mais ventre affamé n'a pas d'yeux longtemps. L'affaire sérieuse et urgente, c'est le déjeuner, que nous avons bien gagné ; et justement, on l'a préparé pendant que nous approchions. Car ce désert est peuplé. A cette place, où Saussure a bivouaqué sur la neige avec son fils pendant quatre jours en 1792, nous trouvons, nous, deux maisons tapies contre le rocher, et dans l'une des lits, une salle à manger et un cuisinier à demeure pendant trois mois (la cuisine est dans l'autre). C'est le Grand-Hôtel du col Saint-Théodule. Il pourrait mettre sur son enseigne, s'il en avait une : « Ici on loge à pied... et à mulet quelquefois. » Ne vous habituez pas à ce luxe et à ce confortable. Vous le trouverez rarement à une pareille hauteur. Mais ce que vous trouverez souvent, et ce que vous bénirez, ce sont les cabanes-refuges élevées à grands frais, depuis quelques années, par les Clubs Alpins de France, de Suisse, d'Italie et d'Allemagne, et mises généreusement à la disposition des touristes. L'hospitalité s'y donne et ne se vend jamais. Entrez sans frapper. Ni gardien, ni cuisinier ; une batterie de cuisine réduite à la plus simple expression, un poêle servant de calorifère et de fourneau ; parfois le luxe de quelques couverts de fer. On y dîne parfaitement, à la condition d'apporter son dîner. Entre les deux services vous pouvez vous offrir des sorbets de votre façon. En voulez-vous la recette ? Vous prenez dans votre gobelet de la neige — ce n'est pas difficile : il n'y a qu'à se baisser pour en prendre ; — vous mélangez avec la neige du sucre pilé, vous versez dans le mélange kirsch, rhum ou café froid, et vous servez. Les glaciers de Paris ne vous serviront jamais de pareils sorbets. Pour la nuit — car on y passe la nuit — un lit de camp, de la paille fraîche... tous les ans, des couvertures (quand les bergers ne les volent pas, surtout en Italie) et quelquefois des hamacs pour les dames offerts par de généreux donateurs. Partout ailleurs, pour se coucher on se déshabille ; là on s'habille, non pas le mieux, mais le plus qu'on peut. Essayez de ces *hôtels*, et vous ne regretterez pas les grands caravansérails de la Suisse, avec leur foule prétentieuse, leur petit luxe et leurs grandes notes à payer. Quels services ces refuges ne rendent-ils pas aux savants, aux artistes, aux grimpeurs ! Au col du Géant, encore plus élevé que le Saint-Théodule, Saussure, qui y a bivouaqué seize jours sous la tente et non sans danger, trouverait aujourd'hui une bonne cabane construite par le Club Alpin italien (section d'Aoste) et y ferait à son aise ses observations scientifiques. Le grand peintre de glaciers, notre compatriote M. Loppé, établit dans ces refuges son atelier, à notre grand avantage et au sien. A nous, simples coureurs de montagnes, ils permettent de faire aisément des excursions presque impossibles autrefois et d'y goûter avec sécurité les plus vives, les plus pures jouissances.

> Dormons sur une cime avec effort gravie;
> Dans la neige éternelle il faut laver nos mains.
> L'air fait mouvoir là-haut des principes de vie;
> Allons l'y respirer, pur des souffles humains.
> (V. DE LAPRADE, *Odes et poèmes : Alma parens*.)

Au col Saint-Théodule l'après-midi se passe — trop vite — à admirer ce spectacle grandiose des Alpes

> Qui nous charme toujours et jamais ne nous lasse.

On fouille avec la lunette l'arête par laquelle on escalade, depuis 1865, le terrible obélisque du Cervin, et l'abîme effroyable dans lequel ont été précipités quatre de ses premiers vainqueurs, ensevelis dans leur triomphe. Pendant qu'on se raconte son histoire — heureuses les montagnes qui n'ont pas d'histoire ! — et que le gardien de l'auberge y ajoute la triste chronique de 1879, les artistes dessinent; les naturalistes vont à la recherche de ces pauvres petites plantes, les mêmes qu'au Spitzberg, qui végètent en grelottant dans les anfractuosités des rochers : des saxifrages, la renoncule glaciaire, etc. (je vous épargne les noms latins). Un jour, en les retrouvant desséchées dans nos carnets de voyage, le cœur nous battra au souvenir de cette journée. Les curieux guettent les chamois qu'on ne voit pas et les caravanes qu'on aperçoit de loin, semblables à des points noirs qui font tache sur la neige. Cette *route* de Suisse en Italie, et réciproquement, est très fréquentée, même par les dames; dans les deux dernières années, elle a été lestement enlevée par des bandes d'écoliers parisiens en vacances, qui ont couché là en opérant le miracle de la multiplication des lits. D'ordinaire on se contente d'y faire une halte plus ou moins prolongée avant de descendre soit sur Zermatt, soit sur Valtornanche. On a tort. Ne pas y passer la nuit, puisqu'on le peut, c'est se priver du spectacle le plus grandiose qu'il y ait au monde : le coucher et le lever du soleil dans les Alpes et sur le glacier. Écoutez Saussure, ce grand savant, auquel la poésie des Alpes inspire une émotion vraie et comme religieuse : « La seizième et dernière soirée que nous passâmes sur le col du Géant fut d'une beauté ravissante. Il semblait que ces hautes sommités voulaient que nous ne les quittâssions pas sans regret. Les cimes qui nous dominaient et les neiges qui les séparent se colorèrent des plus belles nuances de rose et de carmin; tout l'horizon de l'Italie paraissait bordé d'une large ceinture pourpre, et la pleine lune vint s'élever au-dessus de cette ceinture avec la majesté d'une reine, et teinte du plus beau vermillon. L'air, autour de nous, avait cette pureté et cette limpidité parfaite qu'Homère attribue à celui de l'Olympe, tandis que les vallées, remplies des vapeurs qui s'y étaient condensées, semblaient un séjour d'épaisses ténèbres. Mais comment peindrai-je la nuit qui succéda à cette belle soirée, lorsque, après le crépuscule, la lune, brillant seule dans le ciel, versa les flots de sa lumière argentée sur la vaste enceinte des neiges et des rochers qui entouraient notre cabane? Combien ces neiges et ces glaces, dont l'aspect est insoutenable à la lumière du soleil, formaient un étonnant et délicieux spectacle à la douce clarté du flambeau de la nuit! Quel magnifique contraste ces blocs de granit rembrunis et découpés

avec tant de nelteté et de hardiesse formaient au milieu de ces
neiges brillantes! Quel moment pour la méditation ! De combien
de peines et de privations de semblables moments ne dédomma-

LE LEVER DU SOLEIL SUR LES ALPES.

gent-ils pas ! L'âme s'élève, les vues de l'esprit semblent s'agrandir, et au milieu de ce majestueux silence on croit entendre la
voix de la nature et devenir le confident de ses opérations les
plus secrètes. » Le lever du soleil qui succède à une pareille
nuit dans les Alpes demanderait aussi la plume de Saussure. Ce

beau spectacle, des milliers de touristes vont chaque jour, dans
l'été, le chercher au sommet du Righi, dont ils font l'ascension
en chemin de fer, ou dans d'autres belvédères à la mode. Combien il est plus beau et plus grand encore pour ceux qui peuvent
en jouir au cœur même de cette nature fantastique!

Au col Saint-Théodule, comme dans les refuges des Clubs Alpins,
on est matinal. On s'arrache sans peine aux délices de la cabane,
mais difficilement à la contemplation des cimes et des glaciers
que le soleil levant colore du plus beau rose. Il faut partir. Mu-
nissons-nous contre le froid avec une tasse de thé ou de café
brûlant, et contre les crevasses avec la corde. La partie du
glacier qui descend vers l'Italie est plus rapide, mais plus
courte que l'autre. En une heure on atteint les rochers, plus
bas les gazons, les chalets et l'hôtel du Breuil, où *descendent*
ceux qui trouvent celui du Théodule trop haut placé. Voici Valtornanche, chef-lieu de la vallée à laquelle ce village donne son
nom. Elle est charmante comme toutes celles du versant italien.
C'est un bonheur de la suivre (non sans se retourner souvent
pour admirer le tableau du fond : le Cervin et le mont Rose!)
jusqu'à Châtillon, dans le Val d'Aoste, où elle finit, ainsi que le
passage du Saint-Théodule. Cette excursion, qui est à la portée de toutes les jambes, est une des plus belles qu'offrent les
Alpes. Elle a pour quelques grimpeurs le tort de n'être pas
assez dangereuse. Pour nous c'est un mérite de plus.

CHAPITRE VII

La région des neiges persistantes et des glaciers est presque toujours le théâtre des accidents qui arrivent de temps en temps dans les Alpes. Comme ceux des chemins de fer, ils sont rares mais retentissants, parce que le bruit en est répercuté d'écho en écho par la presse de tous les pays. Ils excitent, avouons-le, assez peu de sympathie et de pitié en dehors des Clubs Alpins. Quand on a le malheur de se tuer en chassant, ou en se baignant, ou en tombant de cheval, à la bonne heure : on est un mort intéressant. Mais dans la montagne, quelle différence! Cela n'arrive qu'à des casse-cou, à des imprudents, à des fous. Un peu plus les sages diraient : « C'est bien fait; qu'allaient-ils faire dans cette *glacière?* » Le père d'un de mes élèves ne voulut pas — par prudence — autoriser son fils à faire partie d'une caravane scolaire qui allait voyager dans le Dauphiné! Mais il lui mit entre les mains un fusil de chasse avec lequel le malheureux enfant se tua. On plaignit le père; personne ne le blâma. Son fils était mort à la chasse, mais non dans un précipice. Les alpinistes, sachant bien quelle oraison funèbre les attend en cas de malheur, font en sorte de ne pas servir de sujet à ce genre d'éloquence, et ils y réussissent généralement.

Rares en effet sont les accidents de montagnes, proportionellement au nombre de ceux qui s'y exposent. La Suisse seule

reçoit chaque année, dans l'été, plus d'un million de visiteurs,
selon le témoignage très autorisé de M. Ivan von Tschudi.
Joignez-y ceux qui parcourent les Alpes du Dauphiné, de la
Savoie, de l'Italie et du Tyrol, et vous arrivez au moins à un
million et demi. Combien compte-t-on d'accidents sérieux?
Deux ou trois par an en moyenne. C'est par centaines qu'on
compte les accidents de chasse. Je sais bien que la plupart des
touristes ont une prudence *qui les attache au rivage*. Mais les
malheurs peuvent arriver et arrivent dans les petites excursions comme dans les grandes. Madame d'H. s'est tuée en tombant de mulet sur le chemin de la Gemmi, qui est un excellent
escalier, large d'un mètre et demi et n'offrant pas le moindre
danger. Mais prenons l'ascension la plus fameuse, regardée
à tort comme la plus dangereuse, celle du mont Blanc. Depuis 1775, date de la première tentative sérieuse, jusqu'au 31
août 1874, date du dernier accident, combien le mont Blanc
a-t-il fait de victimes? Vingt-quatre en cent ans (sept voyageurs
et dix-sept guides ou porteurs) [1]. C'est vingt-quatre de trop assurément. Mais sept ascensions seulement ont été attristées par
des malheurs, contre un nombre considérable d'heureuses. Et
sur ces sept catastrophes, une seule, la plus terrible, celle de
1870 — j'y reviendrai tout à l'heure — a coûté la vie à onze
personnes; c'est presque la moitié du nombre total des victimes

Si maintenant nous prenons une à une ces catastrophes,
dont l'histoire est bien connue, nous arriverons à cette con-
clusion que *presque tous ces malheurs sont dus à l'imprudence ou à l'inexpérience des victimes et auraient pu être évités.*
D'une manière générale on peut diviser les ascensionnistes en
deux classes : les *enragés* (c'est le mot consacré) et les raison-
nables. Les premiers font une ascension, non pas parce qu'elle
est belle ou utile, mais parce qu'elle est difficile et surtout

1. *Le mont Blanc*, par Ch. Durier, qui a fait une admirable monographie,
digne du sujet.

PASSAGE DE LA GEMMI.

parce qu'elle n'a jamais été faite. Comme les Parisiens qui se font gloire de n'assister qu'aux premières représentations des pièces de théâtre, ils ne font cas que des *premières ascensions*. L'émotion du danger et l'attrait de l'inconnu, voilà ce qui les tente surtout. A ce jeu, ils compromettent parfois leur vie avec celle de leurs guides, et, ce qui est plus véniel, la réputation de tous les alpinistes, que l'opinion publique rend solidaires de leur témérité. Nous en appelons à l'opinion mieux informée. La deuxième classe, des ascensionnistes, de beaucoup la plus nombreuse, allie la prudence au courage. Elle ne cherche point le danger inutile. Quand elle le rencontre sur son chemin, elle en triomphe à force de précautions et de sang-froid. Elle sait battre en retraite à propos, et enfin elle ne fatigue pas la renommée du bruit de ses exploits. On voit briller dans les salons de Paris d'élégantes jeunes femmes qui ne se croient pas des héroïnes parce qu'elles ont accompagné leurs maris à la cime du mont Blanc, du mont Rose, de la Jungfrau et du Cervin. Ce ne sont pas ces ascensionnistes qui font du tort aux Alpes.

Mais quelles sont les causes des dangers qu'on peut courir dans les grandes ascensions? J'en compté cinq : les canonnades de pierres, les chutes dans les crevasses, les avalanches, les glissades sur les pentes de glace ou de rochers et les tourmentes de neige.

Il y a des montagnes, en petit nombre, qui ont la mauvaise habitude de lancer des pierres à leurs visiteurs. En montant au Pelvoux (Dauphiné), qui était notre plus haute montagne, avant que nous eussions le Mont Blanc, M. V. Puiseux, de l'Académie des sciences, le type de l'ascensionniste hardi, prudent et modeste, déjeunait tranquillement, assis par terre avec son guide, quand un bloc détaché de la cime faillit écraser la table, le service et les convives. L'Aiguille du Midi, dans le massif du Mont Blanc, jouit sous ce rapport d'une mauvaise réputation trop méritée. C'est une *mitrailleuse*. Elle a tué

UNE AVALANCHE DE PIERRES.

raide d'un coup de pierre le porteur Ed. Simon. C'est heureusement son seul méfait. Contre ces canonnades, qui font d'ordinaire plus de bruit que de mal, la prudence ne peut rien. On traverse ces mauvais passages en courant, comme on fait à Paris au *carrefour des écrasés*, et autant que possible le matin — les canons ne partent que l'après-midi, quand le soleil commande le feu — ou mieux encore on les évite. Dans les villes, quand le vent souffle en tempête et qu'il pleut des cheminées, on reste chez soi ou l'on passe au large.

Sur les glaciers peu inclinés le seul danger qu'on coure, c'est de tomber dans une crevasse dissimulée par un de ces ponts qui ne sont ni éprouvés ni approuvés par l'administration des ponts et chaussées. Le garde-fou, c'est la corde dont j'ai expliqué l'usage et la nécessité. Si elle avait toujours été employée, plusieurs malheurs eussent été évités. Deux exemples, entre autres. En 1864, Ambroise Couttet, de Chamonix, descendait tout joyeux du Mont Blanc, où il venait de faire comme porteur sa première ascension; il se détache de la cordée avant d'être sorti du glacier. Un instant après, un pont de neige cède sous ses pas; il disparaît. Est-ce la faute du Mont Blanc ou de Couttet ? En 1866, un capitaine d'artillerie russe refuse de s'attacher à la corde sur le glacier de Findelen, près de Zermatt. « Il n'y a que les bêtes qu'on attache, » répond-il obstinément aux observations de ses deux guides. Il a le même sort qu'Ambroise Couttet. La corde qu'il avait refusée servit à tenter inutilement son sauvetage. Son corps fut trouvé le lendemain à 40 mètres de profondeur dans ce puits de glace. Est-ce la faute du Mont Rose ou du capitaine ?

> Quelquefois l'un se brise où l'autre s'est sauvé,
> Et par où l'un périt, un autre est conservé.
>
> CORNEILLE

Quand on fait une ascension peu de temps après qu'une couche de neige nouvelle s'est superposée au névé, cette couche,

CATASTROPHE AU BORD DE LA GRANDE CREVASSE DU MONT BLANC.

venant à glisser, détermine une avalanche qui entraîne comme un torrent toute une caravane. C'est ce qui arriva en 1820 à l'expédition du docteur russe Hamel, composée de trois voyageurs et huit guides. Un orage terrible avait éclaté pendant la nuit qu'ils avaient passée dans les rochers des Grands-Mulets. Au matin, le mauvais temps persistant, les guides déclarent qu'il serait insensé de poursuivre et qu'il faut descendre au plus vite. Le Dr Hamel, par orgueil, refuse de battre en retraite et traite ces hommes de lâches. Ces braves gens *montent de colère*, a dit l'un des survivants. La catastrophe qu'ils prévoyaient a lieu : le terrain se dérobe et trois guides sont précipités dans la grande crevasse, pour n'en ressortir que quarante ans après par morceaux. Est-ce la faute du mont Blanc ou du Dr Hamel ?

Non moins dangereuses sont les chutes sur les pentes de glace ou de névé aboutissant à un précipice. C'est là qu'il faut redoubler de prudence, et avoir la tête et le pied solides, pendant que le guide taille des pas avec sa hache. Avait-il pris les précautions nécessaires, sir Georges Young, qui, en 1866, monta au mont Blanc, avec ses deux jeunes frères, *sans guides?* Il avait atteint la cime en suivant les traces d'une caravane de la veille. Mais à la descente il s'égare, s'engage sur une pente trop raide, perd pied et entraîne ses frères, dont l'un se tue. Est-ce la faute du mont Blanc ou de M. Young ?

C'est un malheur de ce genre, plus terrible, qui a rendu tristement célèbre la première ascension du Cervin, en 1865. Cette cime orgueilleuse, qui avait résisté à beaucoup d'assauts, s'était rendue au meilleur guide de Chamonix Michel Croz, et aux plus illustres membres de l'Alpine Club. L'inexpérience d'un seul, un peu légèrement admis dans l'expédition, fit à la descente quatre victimes, et c'est miracle qu'elle n'en ait pas fait sept ; la corde se rompit heureusement entre le quatrième et le cinquième. En 1879 un nouveau malheur, isolé cette fois, est arrivé au même endroit. Il est si facile, a-t-on dit,

UN PASSAGE PÉRILLEUX.

de ne pas faire une mauvaise tragédie ! Il est si facile, dirai-je,
de ne pas grimper au Cervin, bien que, malgré la difficulté, on
y grimpe souvent aujourd'hui ! Dix dames, dont une Parisienne,
en ont déjà fait l'escalade.

Reste le danger des tourmentes de neige, danger très redoutable, mais le plus facile à prévoir et à éviter. C'est cependant celui qui a causé la plus effroyable catastrophe que fournis-
sent les annales du Mont Blanc et des Alpes. Elle a fait, à elle
seule, autant de victimes en un jour que les six autres en
un siècle : trois voyageurs et huit guides ou porteurs. Elle est
peu connue en France, parce qu'au moment même où elle avait
lieu (le 6 septembre 1870) nous roulions tous dans un abîme
d'un autre genre, d'où nous sommes sortis avec une élasticité
qui a étonné nos amis, et surtout nos ennemis. Ce qui lui donne
un caractère plus particulièrement dramatique, c'est qu'une des
onze victimes, le Dr Bean, de Baltimore, nous en a laissé, pour
ainsi dire, le procès-verbal, écrit de sa main sur les feuilles
d'un carnet trouvé sur lui et remis au consul américain à
Genève. Écoutons le mort.

« Mardi, 6 septembre, température 34° Fahrenh., 2 heures du matin.

J'ai fait l'ascension du mont Blanc avec dix personnes : huit
guides, le Rév. Mac Corkendale et M. Randall. Nous sommes
arrivés au sommet à 2 heures 1/2. Aussitôt en le quittant,
nous fûmes enveloppés par des nuages chargés de neige. Nous
avons passé la nuit dans un trou creusé dans la neige qui
ne donnait qu'un très mauvais abri et j'ai été malade toute la
nuit.

« Mont Blanc, 7 septembre.

« Si quelqu'un trouve ce carnet, je le prie de l'envoyer à
madame H.-M. Bean, Jonesborough, Tennessee, États-Unis
d'Amérique.

« Ma chère Hessie, nous sommes depuis deux jours sur le
Mont Blanc, au milieu d'un terrible ouragan de neige. Nous

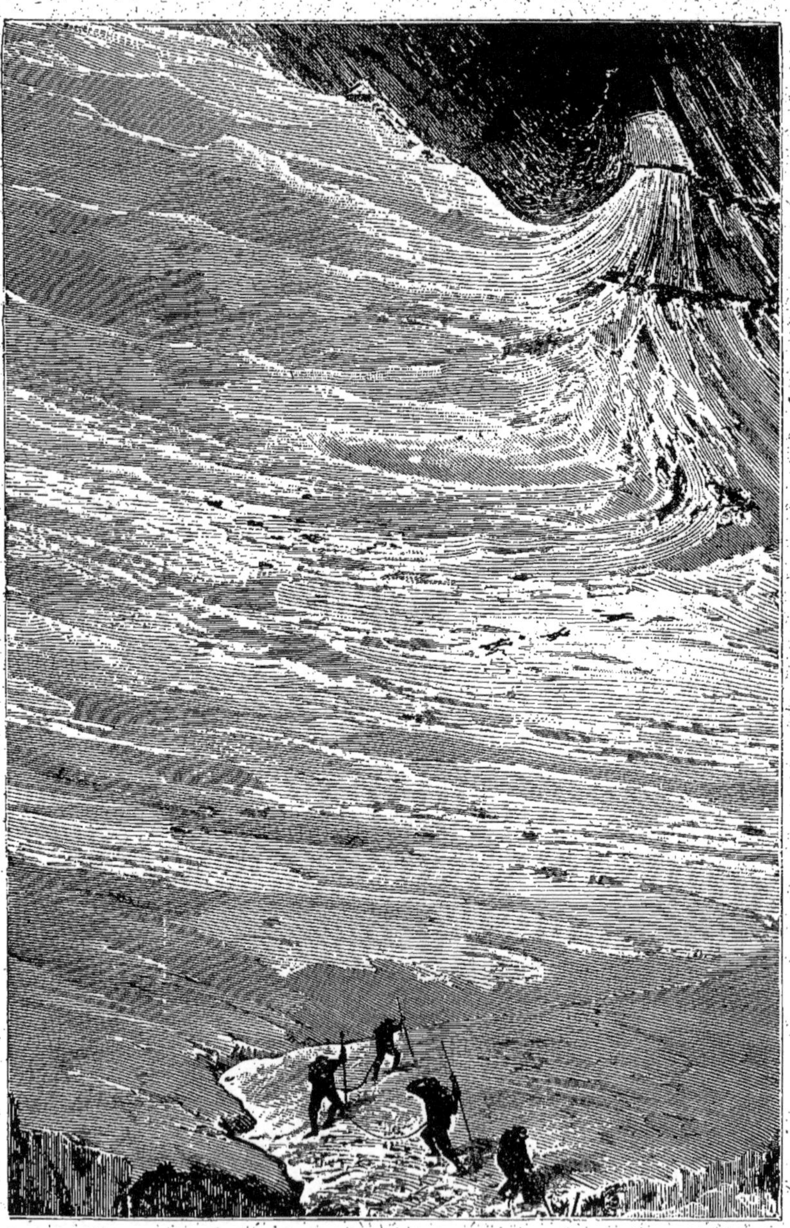

DÉCOUVERTE DES CADAVRES. 1re ASCENSION DU CERVIN EN 1865.

avons perdu notre chemin et nous sommes dans un trou creusé dans la neige à une hauteur de 15 000 pieds. Je n'ai plus d'espoir de descendre. Peut-être ce carnet sera trouvé et te sera remis. Nous n'avons rien à manger; mes pieds sont déjà gelés et je suis épuisé. Je n'ai que la force d'écrire quelques mots. Je meurs dans la foi en Jésus-Christ et dans des pensées d'amour pour toi. Adieux à tous; nous nous retrouverons au ciel.

« Jos.-B. Bean. »

Et plus bas, en caractères très gros et presque illisibles :

« Matin. Toujours un froid excessif; beaucoup de neige qui tombe sans interruption. Les guides ne tiennent pas en place. »

C'était un homme de cœur, celui qui, appartenant déjà à la mort, écrivait d'une main défaillante ces touchants et nobles adieux! On le trouva, lui cinquième, étendu dans l'attitude du sommeil sur sa couche glacée. Les six autres avaient disparu sans laisser de traces, probablement en cherchant à descendre par le glacier qui tombe presque à pic sur le versant italien. Je plains ces malheureux, plus encore que je ne les blâme. Mais je ne puis m'empêcher de revenir à ma question : s'ils ont péri, est-ce la faute du Mont Blanc, ou la leur? Il les avait bien avertis. Il *avait mis son bonnet,* signe infaillible de tempête : les guides le savaient. Tenter l'ascension dans ces conditions était une folie, et ils y avaient d'abord renoncé, puisqu'on lit sur le livre des voyageurs, au Pavillon de Pierre-Pointue, cette note écrite par M. Randall : « Mauvais temps. Mon beau projet va en l'air, et moi en bas. » (*Bad wheather. My pet scheme is gone up, and I go down.*) Pourquoi n'ont-ils pas persisté dans cette sage résolution? Sur quel fatal conseil ont-ils poursuivi leur entreprise? Aucun d'eux n'est revenu pour le dire. Ils ont tous payé de leur vie leur imprudence et leur inexpérience.

C'est toujours à ces deux causes qu'il faut demander l'explication de ces catastrophes, fort rares, Dieu merci ! Elles ont des leçons pour tout le monde. A ceux qui ont plus d'ambition que d'expérience elles disent : « Ne visez pas trop haut, surtout pour vos débuts. Prenez un à un tous vos grades d'ascensionnistes, et en attendant que vous ayez conquis le dernier, contentez-vous de monter aux belvédères très élevés mais accessibles à tous, et où la vue est souvent plus belle que sur les cimes. Tout le monde ne peut pas monter au Mont Blanc. » A ceux qui ont la tête et le pied montagnards, ainsi que l'expérience des grandes courses, elles donnent cet autre conseil : « N'engagez jamais une partie hasardeuse sans avoir les atouts dans les mains : beau temps, bons guides et bons compagnons en petit nombre. Fût-elle très engagée, presque gagnée, si la chance vient à tourner contre vous, ne vous laissez pas entraîner par la passion et surtout par l'amour-propre. Arrêtez ce jeu dangereux, où vous risquez votre vie et celle d'autrui, contre quoi ? Si, ayant mis les chances de votre côté, vous êtes malheureux contre toute prévision, au moins vous aurez perdu selon les règles. »

CHAPITRE VIII

Il est impossible de parler maintenant des Alpes sans parler des Clubs Alpins. Je les ai déjà nommés plusieurs fois sans les avoir présentés au lecteur, ce qui est contraire à tous les usages reçus, surtout quand on est en aussi bonne compagnie.

Le nom et la chose sont de provenance anglaise, et ont été importés d'abord chez nos voisins d'Allemagne, de Suisse et d'Italie, puis chez nous. En adoptant la chose, tous les pays ont adopté le nom. Celui de Club Alpin désigne partout *une société servant de lien à ceux que leurs goûts ou leurs études attirent vers les montagnes, quelles qu'elles soient, les Alpes étant prises pour type.*

L'Alpine Club, ou Club Alpin anglais, de qui procèdent tous les autres, est né en Suisse le 4 août 1857. Il a donc à peine cinquante ans et il est déjà grand-père! Après l'Angleterre sont venues successivement : l'Autriche, en 1862; la Suisse et l'Italie, en 1863; l'Allemagne, en 1869; la Hongrie, en 1873; la France, qui possède le Mont Blanc et le tiers de la chaîne des Alpes, en 1874 seulement; la Pologne dans la même année et en dernier lieu la Norvège, l'Amérique, l'Espagne et les Indes. Ajoutez-y plusieurs associations qui sous des noms différents ont un but analogue, comme en France la société Ramond, fondée en 1865 pour l'exploration des Pyrénées — Ra-

mond, dont elle a pris le nom, est le Saussure des Pyrénées —
et la Société des Touristes du Dauphiné, vous aurez une idée
de ce réseau, qui s'est développé de nos jours, comme celui des
chemins de fer, dans l'ancien et le nouveau monde. L'origine
récente de toutes ces sociétés — la plus ancienne ne remontant
pas à plus de quarante ans — est une preuve, entre autres,
que l'alpinisme ou l'admiration de la montagne est un senti-
ment tout moderne. Les anciens, ou du moins les Romains, qui
avaient comme nous les Alpes sous les yeux, n'en compre-
naient ni la beauté ni la poésie. Ils n'en parlent qu'avec horreur. « Tout y est hideux, dit Tite-Live (né à Padoue, au pied
de la montagne), encore plus à voir qu'à décrire. » Les Romains
se hâtaient de traverser les Alpes en tremblant et en se recom-
mandant à Jupiter Pennin, auquel ils avaient élevé des temples
au sommet des passages. Les nombreux ex-voto qu'on y a
trouvés attestent la reconnaissance de ceux qui étaient sortis
sains et saufs de cette dangereuse traversée. Il faut arrier
au XVIII° siècle, à Rousseau, un Génevois, pour trouver un
écrivain qui admire les Alpes. Un autre Génevois, Horace-
Bénédict de Saussure, écrit le premier ouvrage scientifique et
descriptif sur les Alpes[1], un chef-d'œuvre. Enfin un troisième
Génevois, Töpffer, achève de les populariser avec sa plume
et son crayon dans un chef-d'œuvre d'un autre genre[2]. Aujour-
d'hui leur cause est gagnée sans retour. Elles ont dans tout
l'univers des admirateurs, des amis et même quelques ennemis,
ce qui est la marque du mérite et du succès. Ce succès a
fait celui des Clubs Alpins, et réciproquement. Ceux de l'Europe seule comptent ensemble environ 30,000 sociétaires. Ce
n'est plus une légion, c'est une armée se recrutant inces-
samment par des engagements volontaires, même parmi les
dames.

Plusieurs Clubs Alpins, et notamment ceux de France et

1. *Voyages dans les Alpes*, 4 vol. in-4°.
2. *Voyages en zigzag d'un pensionnat en vacances.*

MEMBRES DU CLUB ALPIN EN EXCURSION.

d'Italie, reconnaissent l'égalité des deux sexes devant l'amour
de la montagne. S'il y avait un concours général et des prix
pour les ascensionnistes, plusieurs Parisiennes les disputeraient
avec succès, comme les Anglaises, au sexe qui s'appelle lui-
même le sexe fort.

Pour ne parler que du Club Alpin français, qui nous inté-
resse plus particulièrement, son acte de naissance a été dressé
le 2 avril 1874 chez M. Ad. Joanne, dont le cabinet contenait
les 25 fondateurs. Aujourd'hui il compte 7000 membres, divisés
en trente-trois sections répandues dans toute la France,
depuis les Ardennes jusqu'aux Alpes-Maritimes, aux Pyrénées
et en Algérie.

Qu'a-t-il fait depuis trente ans qu'il existe? Il a construit
avec ses seules ressources vingt cabanes-refuges comme
celle que j'ai décrite — plusieurs autres sont en construction;
créé ou amélioré les sentiers qui facilitent les voyages dans
les Vosges, le Jura, les monts d'Auvergne, les Alpes *françaises*
et les Pyrénées; organisé des compagnies de guides ou revisé
leurs règlements et leurs tarifs; organisé plus de cent caravanes scolaires, pour développer chez la jeunesse française — ce
qui est un de ses plus chers désirs — le goût et l'habitude des
voyages à pied; fait d'importantes publications annuelles et tri-
mestrielles contenant des travaux scientifiques, littéraires et ar-
tistiques; établi des bibliothèques à l'usage des touristes et des
guides; organisé des réunions, des conférences périodiques,
une exposition et un congrès international de tous les Clubs
Alpins dans lequel ont été resserrés les liens qui unissent
entre elles ces sociétés sœurs; assuré à tous ses membres, pour
prix de leur cotisation annuelle de 20 francs, des réductions
de prix de 50 % pour les voyages en commun sur toutes les
lignes des chemins de fer français, ainsi que pour l'achat des
cartes de l'état-major, des livres et des instruments nécessaires
aux voyageurs; sans compter un avantage non matériel, mais
le plus précieux de tous : de cordiales relations avec leurs col-

lègues de France et de l'étranger. Ces résultats déjà obtenus tournent à l'avantage de notre pays, sur lequel le Club Alpin français cherche à détourner une partie de la pluie d'or qui chaque année tombe en Suisse. Ces résultats, ces efforts sont-ils à dédaigner? Les hommes d'état, les savants, les illustrations de tout genre qui figurent sur sa liste, ses 7000 membres ne le pensent pas.

CHAPITRE IX

Qui n'a lu et relu les *Voyages en zigzag d'un pensionnat en vacances*, ces récits illustrés des excursions que Töpffer, chef d'une institution renommée de Genève, faisait chaque année, avec ses élèves, à pied, sac au dos, dans les Alpes suisses, italiennes et françaises? Ecrivain et dessinateur original, admirateur passionné, comme son compatriote Saussure, de la nature alpestre, observateur fin et malicieux des travers et des ridicules — nous en savons quelque chose, nous autres Français, — il a fait en se jouant, ou plutôt en marchant, une œuvre charmante, génevoise de style et d'esprit, populaire partout, gaie et sérieuse, qui respire l'amour de la montagne, de la jeunesse et du bien.

Ces *voyages en zigzag* sont devenus nos *caravanes scolaires*. C'est un article suisse que j'ai contribué à importer en France, il y a longtemps, en faisant avec mes élèves des caravanes scolaires — comme M. Jourdain faisait de la prose — sans le savoir, le nom n'étant pas encore inventé. Depuis la fondation du Club Alpin en 1874, c'est sous sa marque qu'elles circulent en France et à l'étranger. Enlever la jeunesse française à la gâterie de la famille et aux plaisirs énervants des villes; lui faire connaître son pays en lui donnant le goût et l'habitude des voyages, et surtout des voyages à pied; la préparer par une fatigue modérée et graduée au service militaire, qui est aujourd'hui la dette de tous, heureusement; joindre à cet exercice fortifiant les leçons de choses — mot à la mode — c'est-à-dire des notions de géographie, d'histoire, des sciences naturelles, etc., et surtout la pratique de la vie, acquises au grand air : tel est le programme. Il a pour but de faire non des bacheliers, mais des hommes. Notre système d'éducation nationale, qui a tant de bons côtés, pèche au moins par un ; il est trop sédentaire. C'est la faute non des hommes, mais des choses. Nos élèves, enfermés dans les internats des lycées et collèges des villes, manquent d'espace, de mouvement, de liberté d'allures. Ils travaillent et apprennent beaucoup ; mais le développement intellectuel se fait un peu au détriment du développement physique, ou du moins l'équilibre n'existe pas assez. Un peu de gymnastique et d'exercices militaires ne suffit pas pour le rétablir. Les détracteurs systématiques ou intéressés de l'Université ont même crié à l'*éducation homicide* :

Les gens que vous tuez se portent assez bien,

peut-on leur répondre. Mais il y a, comme on dit, quelque chose à faire. « Je suis surpris, écrivait y a plus de cent ans J.-J. Rousseau, que les bains de l'air salutaire et bienfaisant des montagnes ne soient pas un des grands remèdes de la médecine et de la morale. » Ce remède à deux fins, pour le corps et pour l'âme, nos caravanes scolaires en sont l'application. Plusieurs ministres de l'instruction publique — M. Duruy le premier — ont encouragé officiellement et favorisé le développement des caravanes scolaires. La ville de Paris en fait une large application dans ses grandes écoles municipales. Malgré cet appui, précieux surtout dans un pays qui a l'habitude de recevoir le mot d'ordre du gouvernement, les voyages d'écoliers en vacances, qui ont réussi à Paris, à Lyon, à Dijon, à Châlon, etc., ne sont pas encore entrés dans nos mœurs, autant qu'en Suisse et en Allemagne.

On a fait contre ces voyages trois objections — à quoi n'en peut-on pas faire? — Ils sont, a-t-on dit, fatigants, dangereux et coûteux. *La fatigue!* Mais si elle n'existait pas, il faudrait l'inventer. Notre jeunesse ne se fatigue pas assez. C'est pour cela que, si la lame est finement trempée, le fourreau n'est pas toujours très solide. « Si mon fils va en voyage avec vous dans les montagnes, me disait une *bonne* mère, n'aura-t-il pas froid? — Hélas! oui, madame, et de plus il aura chaud, il aura soif, il aura faim, il sera mouillé, il n'aura personne pour le servir, et tout sera pour le mieux. Car il reviendra un peu déshabitué de la sollicitude maternelle, qui d'ailleurs ne le suivra pas au régiment. » Et pour atténuer ma *dureté*, je lui citais ce mot d'une autre non moins *bonne* mère: « Croiriez-vous, monsieur, que, depuis que mon fils a fait son volontariat, il ne veut plus que le domestique allume son feu dans sa chambre avant qu'il se lève! » Pauvre jeune homme et pauvre mère! Que du reste les mères se rassurent. Ceux qui font les itinéraires de ces voyages d'écoliers savent par expérience que

> Qui veut voyager loin, ménage sa monture

et n'appliquent le remède de Rousseau qu'à doses modérées et graduées. Rayons donc l'objection de la fatigue.

Le danger! Ceci est plus sérieux, et nous comprenons quelle responsabilité nous assumons sur nous. Mais nous ne sommes pas des casse-cou, et nous avons encore plus de prudence pour les autres que pour nous. Les excursions que font nos jeunes conscrits sont celles qui conviennent à leur inexpérience. Ils ne montent point au Mont Blanc (bien qu'une jeune fille de seize ans y soit montée avec son père), mais aux belvédères d'où on l'admire. Le passé répond du reste de l'avenir, en ce qui regarde notre prudence. Depuis sept ans deux mille écoliers de quinze à dix-huit ans ont voyagé sous notre patronage, conduits

par des chefs de notre choix, par monts et par vaux, par le beau
et le mauvais temps. Nous n'avons pas eu à regretter le plus
léger accident, le moindre mal — pardon, j'oubliais les am-
poules aux pieds. En peut-on dire autant de tous jeunes
gens auxquels on a permis, dans le même espace de temps, la
chasse, l'équitation et les bains de mer? Rayons donc aussi
l'objection du danger.

La dépense! C'est la vraie difficulté. On ne peut pas la supprimer, on peut l'atténuer. La France est riche, mais économe.
Nous voulons et pouvons la contenter. Nous avons des voyages
pour toutes les bourses comme pour toutes les jambes : les
petites, les moyennes et les grandes. Voulez-vous des faits?
Les plus belles théories ne valent que ce que vaut la pratique.
A Dijon, quinze ou vingt élèves du lycée partent souvent, sous
la conduite de M. Feuillée, professeur au lycée, pour des excursions qui durent un jour, deux au plus. Le but est presque
toujours un grand établissement industriel, le Creuzot par
exemple. On s'y rend en parcourant le plus souvent à pied les
beaux sites dont la Bourgogne abonde. La dépense moyenne est
de six francs par jour. Le principal du collège de Langres,
M. Douliot, a fait faire à douze de ses élèves, dans les Vosges,
un voyage de huit jours qui a coûté 30^{fr},55 par tête ou plutôt
par paire de jambes, soit 3^{fr},80 par jour. « C'est impossible,
direz-vous, voyageurs des Grands Hôtels qui dépensez 20 ou
25 francs par jour. » C'est cependant exact comme l'arithmé-
tique. Voulez-vous la recette de M. le principal de Langres?
Elle n'est pas à votre usage, mais à celui de nos caravanes :
éviter les étapes des grandes villes; le matin, avant le départ,
déjeuner avec du lait ou du café; à midi, repas de viande froide
avec les provisions emportées par chacun; le soir, dîner sérieux.
C'était le régime des élèves de Töpffer. Leur santé et celle de la
bourse commune s'en accommodaient fort bien.

Plusieurs caravanes scolaires été organisées au lycée de
Lyon. Elles ont employé chaque année les congés du carnaval,

de la Pentecôte, etc., à parcourir, sous la conduite d'un de nos premiers alpinistes, M. P. Guillemin, les montagnes du Forez, de la Grande-Chartreuse et du Jura. Pour chaque voyage la dépense n'excède pas 27 ou 30 francs, soit 9 francs par jour, y compris le prix du parcours en chemin de fer.

Paris fournit chaque année, comme il le doit, son ample contingent de caravanes. Mais la montagne est loin, partant les voyages sont plus longs et plus coûteux. Les plus courts ont lieu aux vacances de Pâques. Voici le programme d'un des derniers : la forêt de Fontainebleau — ce que nous avons de plus beau après les montagnes — Orléans, la source et la vallée du Loiret, les bords de la Loire, Chambord, Blois et Chaumont : ce tour de huit jours a coûté 75 francs. Mais l'appétit vient... en marchant.

Aux grandes vacances, les grands voyages. Ceux que la direction centrale du Club Alpin organise directement, après un appel fait aux familles par la voie des journaux, durent en moyenne vingt ou vingt-cinq jours et coûtent de 250 à 300 francs. La Bourgogne, le Morvan, l'Auvergne et le plateau central de la France, les Vosges, le Jura, le Dauphiné et la Savoie ont été déjà nos champs de courses, avec une pointe en Suisse et dans la haute Italie.

Mais nos voyages de prédilection sont ceux qui sont courts et peu dispendieux, à la portée des petites jambes et des petites bourses. Pas un établissement public ou privé, secondaire ou primaire, qui ne puisse en organiser sur le modèle de ceux de Dijon, Langres et Lyon. Et quelles facilités de toutes sortes ! Tous les chemins de fer français transportent nos caravanes avec une réduction de 50 p. 100; les hôtels se montrent très accommodants pour elles — il y en a qui ont demandé aux chefs des caravanes de faire la note eux-mêmes; — les lycées et collèges donnent parfois l'hospitalité. A ce compte, nos écoliers pourraient faire à peu de frais leur tour de France. Les membres du Club Alpin, répandus dans toutes nos provinces, ainsi que ceux des Clubs suisses et italiens, se font un plaisir

d'accueillir avec bienveillance ces jeunes débutants. Un riche
et généreux alpiniste parisien — pourquoi ne le nommerais-je
pas? — M. Eugène Gourdin, a fondé une bourse de voyage de
500 francs, qui est divisée chaque année entre plusieurs jeunes
gens choisis par le Club alpin. De même un honorable professeur de Berne, M. Meyer, a voulu que la modeste fortune
acquise par son travail (environ 50 000 francs) et léguée par lui
à la Real-Schule (l'école Turgot de Berne) servît à faire voyager
chaque année, pendant quinze jours, en Suisse, les quarante
meilleurs élèves des quatre premières classes. Ces deux fon-
dations ne sont-elles pas au moins aussi utiles que celles qui on
pour but d'encourager l'amélioration de la race chevaline ou autre? C'est notre avis, et voilà pourquoi nous avons organisé dans
ces sept dernières années cent caravanes scolaires auxquelles
ont pris part environ deux mille élèves de quinze à dix-
huit ans. Si l'usage des voyages d'écoliers en vacances, très ré-
pandu en Suisse et en Allemagne, s'acclimate définitivement en
France, nous pourrons mettre à l'entrée de nos collèges le mo-
nogramme qu'on voit à celle de plusieurs gymnases allemands
— il faut prendre à ses ennemis ce qu'ils ont de bon — : quatre F
croisés, initiales des quatre mots : *Frei* (libre) — *Frisch* (frais,
dispos) — *Fromm* (pieux) — *Fröhlich* (joyeux). *Libre!* Qui l'est
plus que celui qui a appris en voyageant à se passer de beaucoup de choses et à compter surtout sur lui-même ? *Dispos!*
Plus on marche, plus on l'est; c'est la voiture qui fatigue.
Pieux! Les montagnes, comme les cieux, racontent la gloire de
Dieu. *Joyeux!* Ah! oui, joyeux surtout. Il est impossible que
des jeunes gens, des Français, voyagent ensemble, à pied, dans
de beaux pays, sans que la bonne humeur et l'esprit soient de la
partie. Le mouvement, le grand air, la nouveauté des impres-
sions, les incidents imprévus et surtout les petites misères du
voyage, tout contribue à produire et à entretenir une source intarissable de gaieté. Comme on rit de bon cœur à propos de tout
et de rien! Les chefs eux-mêmes des caravanes, eussent-ils trois

LES ÉCOLIERS DANS LA MONTAGNE.

tois dix-huit ans, redeviennent jeunes momentanément. Ah! si je pouvais persuader, ce dont j'ai la profonde conviction et la certitude: aux pères, que ces voyages sont utiles sous tous les rapports; aux fils, qu'il n'y a pas de plus grand, de plus vif plaisir au monde, les caravanes scolaires auraient cause gagnée. Car ce que veulent les pères se fait souvent; ce que veulent les fils avec les pères se fait toujours.

CHAPITRE X

Notre époque a vu bien des révolutions dont le besoin se faisait plus ou moins sentir. Une des plus considérables est celle
qui est due à l'établissement des chemins de fer. — Les voyages
de tout genre, et en particulier les voyages d'agrément, ont
été profondément modifiés. Non seulement les moyens de
transport, mais le personnel voyageant, les hôtels, la dépense,
les excursions, tout a changé. Il ne sera peut-être pas sans
intérêt qu'un témoin de cette révolution établisse la comparaison et comme le bilan de l'ancien et du nouveau régime.
Il y a cinquante ans — un siècle — quand on voulait aller de
Paris à Genève, quel moyens de transport — la chaise de poste à
part — avait-on à sa disposition ? La malle-poste et la diligence.
La première ne contenait que deux places, qu'il fallait, dans la
saison des voyages, retenir au moins trois semaines d'avance.
Le trajet se faisait, fort agréablement d'ailleurs, avec un ami,
en trente-six heures. La diligence — malgré son nom — se
hâtait lentement pendant trois jours. « Pauvres gens ! dit la
jeunesse en parlant de nous, les anciens. Aujourd'hui, quand
le beau temps, l'occasion ou la fantaisie nous pousse, nous par-
tons au jour et à l'heure que nous voulons, et de confortables
vagons nous transportent à Genève en douze heures, sans
fatigue et en nombre presque illimité. » La jeunesse a raison

sur ce point. La facilité, la rapidité du voyage, sont des avantages considérables qu'il faut mettre à l'actif du temps présent. Mais sa compassion pour nous — qui *part d'un bon naturel* — est-elle aussi justifiée qu'elle est sincère ? N'y avait-il pas quelques compensations à notre *malheur ?* Le mouvement de la route, les relais de poste, les côtes montées à pied, la conversation, souvent amusante, avec le courrier ou le conducteur — deux types disparus — les relations qu'une cohabitation forcée établissait entre les compagnons de voyage, la traversée des villes, la vue, en passant, de la Bourgogne, de la Franche-Comté, du Jura : tout cela avait bien son prix, et nous faisait prendre notre *mal* en patience. Et l'arrivée ! Quand, après avoir monté les quatre étages de la chaîne du Jura, la malle-poste, lancée au galop de ses cinq chevaux, arrivait le matin au col de la Faucille, tout à coup, à un certain tournant, apparaissait devant nous la chaîne des Alpes et le Mont-Blanc doré par les rayons du soleil levant ; à nos pieds, le lac de Genève aussi bleu que le ciel, encadré par des forêts de sapins en pente et les riantes campagnes du canton de Vaud et du Chablais. Il y avait là une impression subite, profonde, ineffaçable, le coup de foudre ; l'on tombait amoureux des Alpes pour la vie. « L'instant où, des hauteurs du Jura, dit Rousseau, je découvris le lac de Genève, fut un instant *d'extase et de ravissement.* Ce paysage unique, le plus beau dont l'œil humain fut jamais frappé ; l'aspect d'un peuple heureux et libre, la douceur de la saison, tout cela me jetait dans des transports que je ne puis décrire. » Qui a jamais éprouvé un instant *d'extase et de ravissement* en entrant pour la première fois dans la gare de Genève ? Ne nous plaignez donc pas trop d'avoir voyagé jadis plus lentement, c'est vrai, mais non comme des colis.

Quand il fallait prévoir, arrêter longtemps à l'avance le jour de son départ, qui voyageait ? Ceux qui étaient sûrs d'être libres à heure fixe, ceux qui avaient des vacances : des magis-

GENÈVE.

trats, des avocats, des avoués et même des professeurs. Joignez-y ceux pour lesquels l'année a 365 jours de vacances. Il ne m'appartient pas de dire le bien que je pense de ce personnel voyageant. Mais on comprend qu'entre ces touristes, relativement peu nombreux — les Français surtout — ayant mêmes goûts et même éducation, il pût s'établir des rapports de courtoisie qui ajoutaient beaucoup au charme du voyage. On se saluait, on se parlait sans se connaître. Si parmi les Anglais, qui étaient les plus nombreux, il y avait, comme dit Töpffer, quelques *No, no*, combien ne rencontrait-on pas de gentlemen *Uï, uï*, affables et communicatifs, même avec ceux qui ne leur avaient pas été présentés ! Aujourd'hui qui rencontre-on en Suisse ? Monsieur Tout le monde, *Herr Omnes*, comme disent les Allemands. Français, Anglais, Italiens, Russes, Américains, Indiens, les cinq parties du monde s'y coudoient. Les deux seules lignes de Paris et de Marseille versent en un jour à Genève plus de 3000 touristes, au lieu d'une centaine que les anciens moyens de transport pouvaient y amener. De l'est comme de l'ouest, du nord comme du sud, toutes les voies ferrées convergent vers ce paradis terrestre. Chaque année, dans une saison, c'est-à-dire en trois mois, Interlaken reçoit 300 000 visiteurs et la Suisse entière deux millions, au témoignage de M. Ivan von Tschudi, qui fait autorité. Ce prodigieux accroissement du nombre des élus, j'y applaudis de grand cœur. L'amour des Alpes n'est pas jaloux. Quand on admire un chef-d'œuvre, on aime à partager son admiration. Mais au moins faut-il pouvoir admirer le chef-d'œuvre à son aise. Je n'irais pas aujourd'hui au Righi, où les adorateurs du soleil levant sont si nombreux et si serrés, qu'on doit être exposé, comme dans nos fêtes publiques, pour avoir sa part du spectacle, à prier ses voisins de s'écarter un peu. Heureusement les Alpes sont *inépuisables*. Celles de la Savoie et du Dauphiné, les nôtres, encore trop délaissées, voient et verront de plus en plus le courant se détourner vers elles. Tandis que

la foule moutonnière continuera à suivre les sentiers battus,
on pourra toujours trouver

Un endroit écarté
Où d'être un alpiniste on ait la liberté.

Les chemins de fer n'amènent pas seulement des milliers et des milliers de voyageurs; ils transportent aussi des
montagnes de bagages. De là un développement de luxe inconnu dans l'ancien régime. Notre tenue était simple et modeste;
vous la voyez dans les dessins de Töpffer, aussi exacts que
charmants : une blouse grise et le sac au dos. Le drap a remplacé
la toile; c'est encore un progrès. La blouse avait des inconvénients de plusieurs sortes, et nous en avons été victimes à l'é-
poque de transition. Nous arrivons un jour dans cette tenue, trois
de mes amis et moi, dans un de ces grands hôtels qui commen-
çaient à remplacer les honnêtes et excellentes auberges d'autrefois. « Nous ne recevons pas des gens comme vous, nous
dit en nous toisant dédaigneusement le kellner ou chef des
garçons de l'hôtel. » Il fallait rire ou se fâcher. Le premier parti
est le plus sain, c'est celui que nous prenons : « Que faut-il
donc pour être reçus ici? — Il faut être habillé, il y a des dames.
— Nous l'espérons bien. Mais nous avons des habits roulés sur
nos sacs, et même des gants. Voulez-vous les voir? » Sur cette
affirmation, acceptée de confiance, nous eûmes l'honneur dispendieux d'être admis dans ce palais. Quant au sac, nous le
portions moins par économie que par amour de l'indépendance.
Un des secrets de l'art de voyager — art qu'on apprend à ses
dépens — c'est, dit Töpffer « de n'attendre rien du dehors et
d'emporter tout avec soi : son sac, pour ne pas dépendre du rou-
lage; ses jambes, pour ne pas dépendre du voiturier ». C'est très
juste; mais il faut, pour le sac comme pour la marche, une
certaine éducation et l'habitude, qui est une seconde nature.
Le premier jour tout va bien, c'est la première période. Le
lendemain le sac est un pesant fardeau, et l'on s'ingénie

pour trouver les moyens de l'alléger : *deuxième période*. Le troisième jour il produit un effet que peint exactement une expression familière, mais énergique : il scie le dos. C'est la *période aiguë*. Mais persistez ; les épaules s'endurcissent, s'habituent à ce lest et finissent par ne plus le sentir. C'est la *quatrième et dernière période* : celle de l'insensibilité. Un jeune homme qui faisait ses débuts dans .e monde... alpestre, était arrivé à la période aiguë, et il gémissait à fendre les rochers ! Nous l'exhortions à la patience, et, pour l'encourager, nous lui prédisions le prochain avènement de la période de l'insensibilité. A une halte, sur le commandement du chef de la troupe — il faut toujours avoir un chef — nous mettons les sacs à terre. La halte finie, chacun recharge le sien, pour descendre une pente assez raide. Notre jeune compagnon nous rejoint en gambadant. « Victoire ! nous crie-t-il d'un ton joyeux, vous aviez raison, je ne sens plus mon sac ! » Nous nous retournons : le malheureux ne l'avait pas, et croyait l'avoir sur ses épaules endolories ! L'ancien usage de porter son sac tend, ce me semble, à disparaître. Malgré les facilités et les garanties qu'offre l'administration des postes fédérales de Suisse, c'est un compagnon dont il est bon de ne pas se séparer, non plus que de son bâton ferré. Je dirai donc à tout futur conscrit :

> Ne t'attends qu'à toi seul,
> Il n'est meilleur *porteur ni garant* que toi-même.

L'invasion amenée par les chemins de fer, il fallait la recevoir, la loger, et selon ses goûts. Ainsi a été fait. Aimez-vous les grands hôtels ? On en a mis partout : dans les villes, dans la montagne, dans tout endroit où une cascade, un point de vue en renom attire la foule. Domestiques en tenue irréprochable, presque tous allemands, salles de 200 ou 300 couverts, salons de conversation et de lecture, luxe de pacotille : on y trouve tout ce dont on n'a pas besoin en voyage, tout, excepté les soins et les égards qu'on trouvait dans les bonnes et honnêtes maisons qui ne s'appelaient pas des Cours (*Hof*), mais qui avaient pour enseigne une cigogne, un ours, une balance, etc. Elles étaient tenues par les propriétaires eux-mêmes, qui connaissaient leurs clients et qui les traitaient avec bonhomie et amitié, sans porter l'amitié sur la note. *Non pour le lucre seul, mais pour le bien public :* belle devise, traduite du latin, que j'ai relevée sur l'enseigne d'une de ces maisons qui sont aujourd'hui reléguées au second ordre. Et l'enseigne n'était pas toujours menteuse. Töpffer raconte quelque part que, dans un moment de détresse, un aubergiste mit sa bourse à sa disposition sans le connaître. Pareille offre me fut faite au Faulhorn par Pierre Bohren, qui ne m'avait jamais vu. Il était jeune, c'est son excuse. Je n'en fus pas moins touché d'une marque de confiance que je n'eus pas besoin d'accepter, et qui faisait plus d'honneur à son bon cœur qu'à ma tenue. Je doute qu'aucun voyageur soit *exposé* aujourd'hui à de semblables offres dans les grands hôtels. Ils appartiennent pour la plupart à des sociétés anonymes qui les font *exploiter* par des gérants. Honnêtes gens, je le crois ; mais dont le rôle se borne, comme celui de nos conducteurs d'omnibus, à recevoir le prix des places de voyageurs inconnus, sans être même tenus à dire merci. Au lieu d'être des clients, nous sommes dans les hôtels, des numéros ; comme dans les chemins de fer, des colis.

« Pas d'argent, pas de Suisse. » Ce mot ancien est plus vrai que jamais, dans un sens un peu détourné. Quand on compare les budgets des voyages d'il y a trente ans et ceux d'aujourd'hui, faits dans les mêmes conditions, on constate que la dépense a triplé, ou peu s'en faut. On part de là pour faire le procès à la Suisse. Il serait juste de le faire à tous les pays, y compris la France. La dépréciation de la valeur de l'argent n'a-t-elle pas amené partout le même renchérissement des choses nécessaires à la vie ? La Suisse exploite ses montagnes et ses glaciers comme d'autres pays exploitent leurs mines, et

s'en fait environ *cent millions* de rente par an. Mais cette exploi-
tation a huit ou neuf mois de morte saison, et l'*industrie de l'hospitalité,* qui prend au moins la moitié de ces millions, s'exerce
souvent dans des conditions singulièrement difficiles. Quand,
au bord du glacier, sur le glacier même, là où nous ne trouvions
pas même un abri, ou tout au plus le foin et le lait d'un misérable chalet, nous trouvons aujourd'hui des lits, une nourriture
convenable, apportée avec quelles peines! comment nous étonner
et nous plaindre de payer un peu cher une hospitalité
si précieuse? L'élévation des prix est en rapport avec celle du
gîte. Il est vrai que cette élévation des prix n'est pas partout
aussi bien justifiée. Elle n'a parfois pour limite que l'avidité
des aubergistes. Quand les hôtels sont chers, mais bons — ce
qui a lieu le plus souvent — il n'y a que demi-mal. Quand ils
sont chers, mais malhonnêtes, c'est trop. Töpffer se plaignait
déjà des « brigandeaux et brigandelles de son pays, qui guettent
leurs victimes, les prennent dans un traquenard et les égorgent
sans merci ». Récemment la vieille honnêteté suisse s'est révol-
tée et a protesté contre l'extorsion d'une somme de 357ᶠ, 50
exigée pour le dîner et le coucher de deux voyageurs et deux
domestiques! Ces grands abus sont rares, heureusement. Mais
les petits, répétés chaque jour! J'ai lu sur une note d'un Grand
Hôtel de Suisse, conservée par un de mes amis : « Pour avoir
réveillé la famille de Monsieur : 5 francs! » Et le reste à l'ave-
nant. A ce prix on ferait bien d'emporter son réveille-matin.
Que les grands hôteliers de Suisse prennent garde de tuer la
poule aux œufs d'or. Qu'ils se contentent de la plumer sans la
faire crier. Quand le gibier est effarouché, il s'envole et s'abat
plus loin. Les Alpes françaises sont prêtes à l'accueillir.

Ce qui a, comme la dépense, suivi une progression croissante,
c'est la hardiesse des excursions. Il y a trente ans — à part
d'illustres exceptions — les montagnes de 3 000 mètres (le Jardin, dans le massif du mont Blanc, le Buet, etc.) étaient nos
colonnes d'Hercule: c'est par là qu'on débute maintenant. On

comptait ceux qui montaient au Mont Blanc ; aujourd'hui cette ascension n'est plus un titre suffisant pour être admis à l'honneur de faire partie de l'Alpine Club. Des dames, des demoiselles, des enfants la font sans crainte, et le sommet jadis redouté a servi de salle de bal ! Le Mont Rose, le Cervin et *tutti quanti* ont été successivement vaincus. Bien peu de cimes résistent encore, notamment la Dent du Géant, inaccessible et reconnue comme telle : un Anglais, en désespoir de cause, a proposé de la faire sauter avec de la dynamite. Voici, d'après le témoignage d'un autre Anglais, les phases successives par lesquelles a passé la réputation des montagnes qui ont capitulé les dernières :

1° Ascension absolument impossible ;

2° Ascension très difficile et dangereuse ;

3° Ascension ne présentant que des difficultés ordinaires ;

4° Une véritable promenade d'alpiniste.

A qui revient l'honneur de cette révolution ? Aux fondateurs de l'Alpine Club, et à leurs dignes émules des autres Clubs Alpins fondés à son imitation. Ils avaient eu, il est vrai, d'illustres précurseurs isolés, en Suisse et en France. Mais ce sont ces sociétés d'ascensionnistes et de savants qui, poussées par la passion de la montagne ou de la science, peut-être aussi par la rivalité nationale, ont entrepris et mené à bonne fin l'exploration méthodique des hautes régions alpestres. Si les Alpes sont mieux connues et mieux admirées, si beaucoup d'erreurs ont été rectifiées, des craintes chimériques dissipées, c'est à ces pionniers de la montagne que la Suisse, l'Italie, la Savoie et le Dauphiné en sont redevables. Et nous qui sommes venus après eux, nous profitons, presque sans danger, de leur expérience et de leurs découvertes.

Il y aurait de l'ingratitude et de l'injustice à ne pas signaler aussi à la reconnaissance des voyageurs d'aujourd'hui l'homme distingué, qui par ses travaux a le plus contribué en France à rendre les voyages agréables et instructifs. Autrefois, nous

n'avions que des *Manuels du voyageur* insignifiants ou ridicules, et nous étions obligés de recourir aux livres des Anglais.
C'est à Ad. Joanne que revient l'honneur d'avoir créé toute
une bibliothèque de Guides excellents, dont tout le monde se
sert en France et à l'étranger, sans se rendre compte peut-
être de la somme de travail, d'études et de recherches qu'ils
ont coûtée à leur consciencieux auteur.

Résumant cette longue comparaison des voyages d'autrefois
et d'aujourd'hui, et dressant une sorte de bilan, je porte au
passif du nouveau régime : la foule avec ses inconvénients,
l'encombrement des plus belles parties des Alpes, la banalité
des grands hôtels et l'aggravation des dépenses; à son *actif*:
la facilité et la rapidité des moyens de transport, de bons livres
de voyage, la création de ressources précieuses là où tout
manquait et l'agrandissement du champ d'admiration. En
somme, à mon avis, les voyages d'aujourd'hui *valent plus et
mieux* que ceux d'autrefois.

CHAPITRE XI

LA MEILLEURE MANIÈRE DE VISITER LES ALPES.

On voyage dans les Alpes à pied, à cheval, en voiture, en chemin de fer. J'ai même rencontré une fois un vélocipède. Chacun consulte à cet égard ses goûts, ses jambes et sa bourse.

Tous les genres sont bons, hors le genre ennuyeux.

Le mieux est, je crois, de n'avoir pas de parti pris et de varier à propos ses moyens de locomotion, comme ses plaisirs.

Mais, quel que soit le mode ou les modes de transport qu'on adopte, il y a deux méthodes pour visiter les Alpes. On peut voir beaucoup et vite ; ou moins, mais à loisir. C'est une question de dose. La première de ces deux méthodes convient à un premier voyage, aux caravanes scolaires, à ceux qui ne sont pas sûrs de pouvoir revenir, ou pour qui le temps est de l'argent ; la seconde, à ceux qui se disent que la vie est longue, les Alpes aussi, et qu'à chaque année suffit son plaisir. Nous avons sous les yeux l'application des deux méthodes. Les étrangers qui visitent *Paris et ses environs en huit jours*, selon la formule, arpentent au pas de course le musée du Louvre. *Ils regardent, et passent*, comme dit Dante. Ceux qui veulent non pas avoir vu, mais voir et connaître, consacrent à cette riche et admirable collection des séances qu'ils ne trouvent jamais assez nombreuses. Il en est de même pour les Alpes.

Nos Compagnies de l'Est et de Paris-Méditerranée, d'accord avec les chemins suisses, ont très-intelligemment établi des billets circulaires, qui satisfont au besoin de voir vite et à l'inexpérience de la foule voyageante. Un mois suffit pour parcourir le Dauphiné, la Savoie et une partie de la Suisse; ou bien les Vosges et la Suisse. Ne parlons plus des bords du Rhin. Economie, facilités diverses, itinéraire tout fait et bien fait, tels sont les avantages incontestables que présente cette combinaison. Mais voyez le revers de la médaille : les lacs, les cascades, les vallées, les montagnes, les villes défilent comme dans un diorama. Un endroit plaît et sourit; on voudrait s'arrêter. « *Marche, marche,* » crie le billet circulaire. Il faut chaque jour — plaisir oblige — boucler et déboucler sa malle, changer de gîte, mais non de compagnie. Quand on a fait son temps, on revient surmené et ahuri. Mais on a *tout* vu, et l'on peut parler de tout.

Lorsqu'on a, une première fois, parcouru ainsi les Alpes, on éprouve le désir et le besoin de les revoir moins précipitamment et mieux. On passe à la seconde méthode. Elle consiste à s'établir, chaque année, dans deux ou trois stations, ou centres d'excursions bien choisis dans les différentes parties des Alpes. On reste dans chacune de ces stations plus ou moins longtemps, selon l'intérêt qu'elle présente et la durée du voyage. Des relations agréables se nouent dans ces hôtels-pensions qui se sont beaucoup multipliés depuis quelques années. L'hospitalité s'y vend aux résidents un tiers moins cher qu'aux oiseaux de passage. Artistes, naturalistes, grimpeurs, tous y trouvent la satisfaction de leurs goûts. On visite à son jour et à son heure tout ce qui est intéressant. On fait des études de mœurs et de paysage, et, en fin de compte, des voyages charmants qui, au lieu de fatiguer, reposent le corps et l'esprit. En découpant ainsi en un certain nombre de sections la carte des Alpes françaises, suisses et italiennes, on arrive à la longue à les connaître assez bien. Le pape Grégoire XVI, qui était un homme d'esprit, avait l'habitude de demander à ceux qui prenaient congé de lui combien de temps ils étaient restés à Rome. Quand on répondait : quinze jours, il disait : Adieu. A ceux qui répondaient : deux mois, il disait : Au revoir. Les Alpes tiennent le même langage à leurs visiteurs, par la bouche des maîtres des hôtels-pensions.

CHAPITRE XII

LES ALPES FRANÇAISES.

Ces notions générales sur les Alpes étant acquises, il est temps de faire plus intime connaissance avec elles. C'est aux Alpes françaises que nous donnons la préférence, pour deux raisons. D'abord elles sont à nous, et un propriétaire doit connaître son domaine, avant le domaine de son voisin. Que penserait-on de celui qui, négligeant ses terres, emploierait ses ressources à faire des améliorations sur celles d'autrui? Ce serait de la générosité, mais une générosité mal entendue. C'est cependant ce que nous faisons quand nous allons porter notre argent en Suisse. Qu'ainsi fassent les Anglais, les Américains, les Russes, etc., ils ont raison. La montagne ne venant pas à eux, ils vont à la montagne, et de préférence à la montagne suisse, à cause de sa beauté, qui est merveilleuse, et de l'habileté avec laquelle elle sait en tirer le parti le plus avantageux.

Mais nous, Français, avant de visiter et d'admirer la Suisse — nous le ferons nécessairement, un jour ou l'autre — commençons par visiter et admirer nos Alpes françaises, c'est-à-dire les Alpes Maritimes, les Alpes du Dauphiné et les Alpes de la Savoie, qui couvrent une partie de huit de nos départements du sud-est. Elles méritent au moins autant l'admiration que celles de nos voisins. De même que notre pays est, sinon le plus beau — il ne faut plus blesser personne: nous avons assez d'ennemis — du moins le plus varié de l'Europe, puisqu'il présente les climats et les produits de l'Espagne et de l'Angleterre, ainsi que ceux de l'Italie et de la Belgique; les Alpes françaises réunissent, à cause de leur situation même, toutes les beautés de celles de l'Italie, de la Suisse et de l'Allemagne.

Aux Alpes Maritimes, le ciel et le soleil de l'Italie. A leur pied, les flots bleus de la Méditerranée, l'oranger, le citronnier qui porte toute l'année des fleurs et des fruits, le palmier qui fait rêver à l'Orient, l'olivier grand comme nos chênes du Nord, les fleurs qui embaument et enrichissent: en un mot, le jardin d'hiver de l'Europe; sur leurs flancs, les roches rougeâtres de porphyre et de granit piquées de pins et de mélèzes, des gorges profondes, des torrents tour à tour fougueux ou desséchés; sur leur tête, un diadème de neige; plus haut encore, l'azur du ciel : en un mot, l'âpre et le riant, toutes les merveilles concentrées sur ce point du globe et de la France, béni de Dieu.

Aux Alpes du Dauphiné, les cimes les plus élevées et les plus hardies de la France, après le Mont Blanc : les Ecrins, le Pelvoux, la Meije, etc. ; des glaciers immenses, en partie inexplorés; une nature originale, où le gracieux ne manque point, mais où le grandiose domine; un caractère général d'austérité sublime.

Aux Alpes de la Savoie, la grâce et la grandeur réunies; des lacs charmants, comme ceux du Bourget, d'Annecy et une partie du plus grand de tous, du lac de Genève; un monde de vallées et de montagnes au-dessus duquel trône le roi des Alpes, le Mont Blanc.

Puisque les Alpes françaises, dans leur infinie variété, offrent tout ce qu'on va demander à celles des pays étrangers, visitons-les, par patriotisme d'abord, et par amour de ce qui est grand et beau.

CHAPITRE XIII

Pour visiter les Alpes Maritimes, appliquant la méthode indiquée ci-dessus, nous établirons à Nice le centre de nos opérations. On ne peut en choisir ni en souhaiter un qui réunisse plus d'avantages : grandes facilités pour rayonner de ce centre dans les trois départements sur lesquels s'étend la chaîne; relations agréables et utiles avec la section du Club Alpin français, fondée récemment à Nice, enfin une des plus belles situations du monde.

Voir Naples et puis mourir, disait le proverbe italien. Voir Nice, et puis y vivre l'hiver, dit aujourd'hui le monde entier. Pendant que nous grelottons ou pataugeons à Paris, on a besoin, à Nice, en décembre et janvier, d'une ombrelle pour se garantir des ardeurs du soleil. Ce n'est pas que l'hiver y perde entièrement ses droits, comme le disent les flatteurs intéressés du pays. Les soirées et les matinées sont froides ; et le climat, à ce qu'il m'a semblé, convient surtout aux gens bien portants. Le printemps, qui dans le nord est presque toujours l'*emblème des réputations usurpées*, selon le mot de Voltaire, est ici une adorable vérité.

A Nice même, deux choses surtout laissent une impression ineffaçable : la Promenade des Anglais et le Château. La Promenade, commencée par la colonie anglaise en 1822 pour donner du travail aux indigents, s'étend sur une longueur de deux kilomètres, entre cette mer qu'on ne se lasse pas d'admirer, calme ou agitée, et une suite non interrompue de palais, de villas et de jardins embaumés. Elle n'a de rivale au monde que le quai de la Chiaïa, à Naples. Le Château était jadis une puissante forteresse couvrant l'énorme rocher qui domine à l'est la ville et la baie des Anges. C'est aujourd'hui, après bien des sièges et des combats, le plus pittoresque des jardins. Ses allées montantes et ombreuses, bordées de cactus, d'aloès et de fleurs, vous enchanteraient, si la vue de la plate-forme ne faisait tout oublier. A vos pieds, la vieille ville, avec son réseau de rues en escalier, et la nouvelle qui étend au loin ses quartiers somptueux et bien alignés; entre elles, le lit du Paillon, qui, le plus souvent, ne présente que des cailloux roulés et un filet d'eau servant de lavoir; le marché, qui se tient sur le Cours (prononcez le Courss) et qui rappelle le marché de la *Muette de Portici*, à l'Opéra; le port, moins animé que le marché; autour de la ville, une ceinture d'orangers aux pommes d'or; pour bordure au sud, la mer immense, plus bleue que le ciel, et découpant sur le rivage ses golfes et ses baies harmonieuses depuis la pointe et le phare de Villefranche jusqu'aux rochers dentelés de l'Estérel; enfin, faisant face à la mer et servant de cadre à tout le tableau, une enceinte demi-circulaire, à triple étage : au premier plan, des collines de 300 ou 400 mètres, couvertes du haut en bas de villas, de parcs et de vergers; au-dessus, des montagnes chauves et pelées qui s'élèvent de 800 à 1800 mètres; enfin, plus haut encore, sur l'arrière-plan et dans l'échancrure formée par la vallée du Paillon, des cimes d'argent qui pointent dans le ciel et font partie de la grande chaîne des Alpes! Quand on a le bonheur de voir de là le lever du soleil, qui, sortant de la mer, éclaire successivement les *cimes neigeuses*, les *montagnes moyennes*, les *collines* et le *littoral*, on pense au tableau si connu où le Guide a représenté l'Aurore versant à pleines mains des fleurs sur un paysage pareil.

NICE.

Parcourons rapidement chacune de ces quatre divisions, en commençant par le littoral ; nous aurons peut-être une faible idée des Alpes Maritimes. Le moindre coup d'œil ferait bien mieux votre affaire.

C'est un bonheur de suivre, en voiture découverte ou à pied, plutôt qu'en chemin de fer, la route neuve qui longe la mer de Nice à Menton, à l'est. Le malheur, c'est qu'on voudrait s'arrêter partout : à Villefranche, qui semble prête à glisser de la montagne dans sa belle rade, où stationnent souvent des vaisseaux de guerre français, américains ou russes ; aux presqu'îles de Saint-Jean et de Saint-Hospice, où l'on va manger la bouillabaisse à l'ombre d'oliviers gigantesques ; à Beaulieu, un coin de l'Afrique où l'on arrive sans passer la mer. Plus loin, sur un promontoire taillé à pic qui s'avance au loin dans la mer, apparaît une terrasse, un château, une petite ville. C'est la capitale d'un prince régnant, du prince de Monaco, dont l'empire s'étend sur 1500 sujets et sur un territoire long de 3 kilomètres et demi, large de 150 mètres à 1 kilomètre.

« Je suis Monaco sur un écueil. Je ne sème ni ne récolte, et pourtant je veux manger. »

> Son Monaco sopra uno scoglio.
> Non semino e non raccoglio,
> E pur mangiar voglio.

Aujourd'hui Monaco ne parlerait pas tout à fait de même. Elle continue à ne pas semer, mais elle récolte... des écus qui ne lui coûtent guère, et qui lui viennent, non de la piraterie comme jadis, mais de dons plus ou moins volontaires. Exilé de toute l'Europe, le jeu a trouvé un asile charmant à Monte-Carlo, à deux pas de Monaco, sur cette petite principauté indépendante, enclavée dans la France. La Société qui exploite cette Californie d'Europe entretient des jardins féériques, les routes, la force armée de la principauté, etc. ; elle a bâti un palais digne des *Mille et une Nuits*, dont la salle des fêtes *a eu l'honneur* d'a-

MONACO.

voir le même architecte que l'Opéra de Paris, Ch. Garnier ;
elle a même élevé une église qu'on a osé — il y a des gens qui
ne respectent rien — baptiser du nom de Sainte-Roulette ; et
malgré toutes ces dépenses, où plutôt à cause de ces dépenses,
elle fait chaque année des millions d'économie. Une des pyramides d'Égypte a été, comme on le sait, élevée par une prin-
cesse qui exigeait de chacun de ses adorateurs qu'il fît apporter
une pierre à son monument. Elle avait beaucoup d'adorateurs,
car sa pyramide est très haute. On ferait à Monte-Carlo une
belle pyramide, non de pierre, mais d'or, avec les offrandes
que laisse à regret la foule sans cesse renouvelée des adorateurs
du dieu Hasard. La foule passe, mais l'or reste ; et la pyramide
monte toujours !

Quittons ce paradis, où les anges sont rares, et par un chemin délicieux qui semble la continuation des jardins d'Armide,
gagnons Menton, l'heureuse rivale de Nice, moins luxueuse,
moins tapageuse, mais dont le climat est plus doux encore et
plus égal. C'est ici *le pays où fleurit le citronnier*, qui ne se
plaît ni à Nice, ni à Cannes, ni même à Naples. Cet arbre divin,
selon une légende très bien contée par Ad. Joanne[1], vient en
droite ligne du paradis — le vrai. Quand elle en fut chassée
avec Adam, Ève, avant de sortir, cueillit un fruit — c'était par
hasard un citron — en se promettant de le donner au pays
qui lui rappellerait le mieux le paradis perdu. Elle choisit
Menton — au dire des Mentonnais — et le citron du paradis
a fait tant de petits, qu'aujourd'hui on en récolte sur le territoire plus de 40 millions par an, exportés dans les cinq parties
du monde.

« Les fruits croissent sous la main qui les cueille. »

>   Crescono le frutte
>   Sotto la man che coglie.

Charmante manière d'exprimer que la récolte dure toute

1. Menton et Bordighera, dans le *Tour du Monde*.

MENTON.

l'année. On voit sur le même arbre des fleurs, des fruits verts et d'autres mûrs.

Les orangers sont beaucoup moins abondants à Menton que les citronniers. Mais que dire de l'olivier? Il ressemble à l'olivier-nain des environs de Nîmes comme un chêne de Fontainebleau à un arbrisseau. J'en ai vu un qui mesure 14 mètres de **circonférence** au pied et sept et demi à un mètre du sol. Certains vétérans datent, dit-on, de l'empire romain. La cueillette des olives se fait en hiver, et l'huile se fabrique dans des moulins qui sont très pittoresques de loin, mais qui de près flattent aussi peu l'odorat que la vue. — Il ne faut pas entrer dans les cuisines. — Quelle que soit d'ailleurs la fécondité de ce sol privilégié, elle ne dépasse pas, si même elle l'égale, celle de l'imagination des habitants. Témoin cette *histoire*. Un Mentonnais reçoit la visite d'un de ses amis, qui pique sa canne dans le jardin et l'oublie en partant. Quelques jours après, venant la chercher, il la trouve couverte, non de fruits, mais de rameaux et de feuilles. Si vous vous permettiez un sourire d'incrédulité, on vous montrerait le citronnier produit de cette métamorphose. Elle manque aux *Métamorphoses* d'Ovide.

Ce qui n'est pas une fable, ce sont les découvertes scientifiques faites dans les Rochers Rouges et les grottes de Menton, déjà signalées il y a cent ans par Saussure aux géologues. C'est là qu'en 1872 M. Rivière a déterré à une grande profondeur deux de nos ancêtres antédiluviens, contemporains du mammouth; ils y reposaient depuis vingt mille ans *au moins*, d'après les calculs les plus modérés.

On visite près de là une curiosité plus moderne : l'olivier-fontaine. Un riche étranger, propriétaire d'une villa voisine, a, dans l'intérêt des passants, détourné une source de la montagne et amené l'eau, à l'aide d'un tuyau dissimulé, dans le tronc de l'arbre. Ce qu'il n'avait pas prévu, c'est que la *source* de l'olivier guérit non seulement la soif, mais une maladie qui

afflige parfois les millionnaires, l'hypocondrie. Il est vrai qu'à
sa vertu merveilleuse se joint la vue féerique qui s'étend de Monaco à Bordighera. Le spleen qui résisterait ici serait incurable.
Ce bienfaiteur de l'humanité altérée, ce précurseur de sir Ri-
chard Wallace, est en même temps un philosophe pratique. On
lit sur la porte de sa villa deux vers latins dont voici le sens :

« J'ai trouvé le port. Fortune, illusions, adieu. Vous m'avez assez joué ; jouez
d'autres maintenant. »

Heureux qui peut trouver le port sur cette côte enchante-
resse et regarder du rivage l'agitation stérile dont il est libéré !
Je viens de nommer Bordighera. C'est la merveille de ce
littoral merveilleux. Quoiqu'elle soit un peu au delà de la
frontière, et non plus dans les Alpes françaises, allons rapidement jeter un coup d'œil sur la délicieuse villa que s'y est
construite l'illustre architecte de l'Opéra, Ch. Garnier. — On
vient de partout la visiter; c'est très flatteur pour le grand
artiste, mais un peu gênant pour le propriétaire. — L'autre
grand objet d'attraction, à Bordighera, c'est la magnifique forêt
de palmiers à laquelle la villa est adossée. De cette forêt, qu'on
dirait transplantée là de Judée, ont été tirés les palmiers, qui a
Nice, à Cannes, à Menton, à Hyères, sont des arbres exotiques,
et qui là se reproduisent d'eux-mêmes. Mais au lieu de balancer
librement leur large panache, pendant l'hiver un grand nombre d'entre eux sont ficelés comme des salades de laitue.
— Je leur demande pardon de la comparaison. — C'est que
Bordighera a le privilège de fournir les palmes, pour le diman-
che des Rameaux, aux églises de Rome et de l'Italie. Là on les
demande propres et peu foncées : ce qui explique l'emmaillot-
tement. Mais les Israélites, dont la fête vient plus tard, les
aiment d'un vert foncé. Chaque culte est servi selon son goût.
Les propriétaires de palmiers sont tolérants. Ils déjeunent de
l'église et dînent de la synagogue. Cette tolérance leur rapporte
environ 200 000 francs par an, dit-on.

Retournons à Nice, et après nous être reposés, poursuivons la visite du littoral, qui s'arrondit dans la direction de Cannes, à l'ouest. De ce côté les montagnes s'évasent pour laisser place à la large embouchure du Var. C'était la frontière entre la France

CANNES.

et les États-Sardes avant que le comté de Nice eût été annexe, en 1860, non par le droit brutal de la conquête, mais par le libre consentement des populations. — Elles n'ont pas eu lieu de le regretter : la fortune du pays a décuplé depuis l'annexion. — Le phare et la chapelle de Notre-Dame de la Garde qui couronnent la longue presqu'île de la Garoupe, signalent de loin la ville et le port circulaire d'Antibes, fortifié par Vauban et situé au milieu de riants jardins. A l'ouest s'ouvre le magnifique golfe Jouan, où la flotte de Toulon vient souvent manœuvrer. Près de la mer s'élève, au milieu des oliviers, une petite colonne. Elle rappelle — était-ce bien nécessaire ? — que le 1ᵉʳ mars 1814, Napoléon, évadé de l'île d'Elbe, commença là ce fatal voyage qui devait aboutir, non aux Tuileries, comme il le croyait, mais à Sainte-Hélène, en passant par Waterloo !

Au golfe Jouan succède celui de la Napoule, sur les bords duquel s'étend en demi-cercle la seconde rivale de Nice, l'heureuse ville de Cannes, un hameau de pêcheurs en 1787, quand Saussure y passa, aujourd'hui un des points les plus riches et les plus célèbres du monde. A quoi tiennent les destinées des villes, comme des empires ! Un homme passe par hasard : il devient le bienfaiteur ou le fléau d'un pays. Lord Brougham, arrêté à la frontière, en 1831, par la police sarde, alors une des plus tracassières de l'Europe, passe quelques jours à Cannes et s'y plaît : la fortune de cette petite ville est faite. C'est justice que les habitants reconnaissants lui aient érigé une statue. De la tour du mont Chevalier, qui sépare les deux parties de la ville, l'œil embrasse une vue aussi belle que celle du Château de Nice : sur le golfe de la Napoule, où l'horizon est borné par les îles Lérins; sur les collines voisines, couvertes de villas plus ou moins gothiques, mauresques, italiennes; sur la ville de Grasse située dans la montagne, et le superbe cap Roux, qui se dresse à l'ouest. « Rien n'est plus délicieux, dit M. Baude — un homme sérieux, un économiste — que les environs de Cannes. C'est mieux que la Provence et mieux que l'Italie. Transportez les plus riants paysages de la Suisse au bord d'une mer transparente; mêlez à leurs pins séculaires des vignes, des oliviers, des orangers; éclairez-les d'un soleil plus doux que celui de Naples, et vous aurez le golfe de la Napoule. »

Une courte traversée nous conduit aux îles Lérins : à la plus éloignée d'abord, Saint-Honorat, où sont les restes d'un antique monastère, l'un des plus célèbres de l'Europe. L'autre île, Sainte-Marguerite, plus grande, couverte en partie par une belle forêt de pins, doit sa triste célébrité à une prison et surtout à un prisonnier : l'homme au masque de fer, ce personnage toujours énigmatique, victime de Louis XIV. Il était bien gardé; le cachot où il languit dix-sept ans, avant d'aller mourir à la Bastille, a des murs de douze pieds d'épaisseur. De nos jours un autre prisonnier d'État, le maréchal Bazaine, condamné à mort par le conseil de guerre et enfermé dans ce fort après une commutation de peine, y resta, non pas dix-sept ans, mais quelques mois, et s'en évada avec une singulière facilité.

Le littoral, que nous avons suivi de Menton jusqu'ici, est comme fermé, après le golfe de la Napoule, par le massif de l'Estérel, qui tombe dans la mer et au travers duquel le chemin de fer a dû s'ouvrir un passage entre Cannes et Fréjus. Nous y reviendrons; car ce massif fait partie des *montagnes moyennes*, dont il est temps d'aborder l'ascension.

Commençons par celle du mont Chauve, dont la double cime domine de 869 mètres Nice et son amphithéâtre de collines. Parmi les ascensions moyennes, c'est la plus facile et l'une des plus intéressantes. A un bon marcheur elle ne demande qu'une demi-journée. Une bande de dix écoliers parisiens, mes élèves, la fit un peu moins vite, sous ma conduite, au mois d'avril 1865; elle avait plus d'esprit que de jarret. Le commencement de l'excursion, à l'ombre des vergers de la colline, fut un jeu et une fête. Tout souriait : le *printemps, jeunesse de l'année*, et la *jeunesse, printemps de la vie.* Impossible de passer à Cimiès, l'antique Cemenelum, sans comparer son amphithéâtre romain à ceux de Nîmes et d'Arles, que nous venions de voir, et sans donner, comme au théâtre d'Orange, une représentation gratuite du dernier acte de *Polyeucte.* Mais le soleil montait plus vite que la caravane. Aux sentiers fleuris et ombreux succède un paysage de l'Arabie Pétrée. La troupe *suait, soufflait, était rendue.* Peu à peu des murmures, sourds d'abord, puis de plus en plus prononcés, éclatent contre le capitaine, qui montait toujours, protégeant les vivres contre l'équipage, que la fatigue et la faim, mauvaise conseillère, poussaient à la révolte et au gaspillage. Un de ces jeunes gens, qui depuis est devenu une des gloires du Club Alpin, a dû rire bien souvent en pensant aux difficultés de cette *horrible* ascension. Mais tout a un terme, même l'ascension du mont Chauve. Au sommet, quelle salle à manger et quel dîner! On but aux Alpes, à Nice, au mont Chauve et même au capitaine. — Le Capitole sera toujours à côté de la roche Tarpéienne, et réciproquement. — Sans perdre un coup de dent, on regardait les Alpes toutes blanches, la Méditerranée toute bleue, les côtes dentelées de la Provence et de la Ligurie, les montagnes entrecoupées de ravins, les vallées du Paillon et du Var, tout cela inondé de lumière et de soleil. Comme on était heureux d'être monté et de vivre! La descente se fit en gambadant. La troupe, grossie d'un ânon qui se trouva engagé, je ne sais comment, alla, sous prétexte de bain, barboter dans la grotte Saint-André, avant de faire sa rentrée à Nice.

Une ascension du même genre que celle du mont Chauve, mais plus importante, est celle du mont Agel, pour laquelle on part aussi de Nice. Les piétons montent par le col de Ville-franche à la célèbre route de la Corniche, une des plus belles du monde, qui gagne Gênes, tantôt suspendue à la montagne, tantôt longeant la mer, sans lasser l'admiration. A peu de distance de la route on voit, en passant, un rocher pointu et élevé, accessible par un seul côté, dont le sommet porte, on ne sait comment, un donjon en ruines et des maisons superposées. C'est Eza, le village le plus pittoresque et le plus extraordinaire de tout le pays. La vie était si troublée jadis, les habitants de ces côtes étaient si peu sûrs de ne pas se réveiller esclaves des pirates barbaresques, grands écumeurs de la mer et du littoral, qu'ils étaient réduits à vivre perchés comme l'aigle dans son aire. Eza n'est pas loin de la *Turbie*, point jadis important. Là s'élève, à la place qui marquait la limite de la Gaule et de l'Italie, la tour d'Auguste, reste imposant, quoique dégradé du monument dédié au *divin Empereur, vainqueur de toutes les populations de la Gaule*. Elle domine la contrée. Mais il faut s'avancer jusqu'à la *Tête de chien*, superbe rocher de 542 mètres, où l'on a construit un fort, et qui surplombe au-dessus de Monaco. Le promontoire qui porte cette ville semble avoir roulé d'ici dans la mer. Deux heures suffisent pour

EZA.

monter de la Turbie au *mont Agel*, 1149 mètres. La vue y est incomparablement plus étendue que du mont Chauve ; elle embrasse un horizon circulaire de 200 kilomètres et s'étend jusqu'aux montagnes de la Corse, dont la dentelure n'est bien visible que le matin.

Le mont Chauve et le mont Agel donnent une idée suffisante des ascensions moyennes qu'on peut faire de Nice.

Menton, dont les environs offrent d'admirables excursions, a Sainte-Agrès, Castillon, le mont Aiguille ou Baudon (1263 mètres), et le Grammont, ou Grand Mont, 1377 mètres, l'une des plus hautes de ces *montagnes moyennes*. Ce sont là les *promenades* que font en commun les membres de la section des Alpes-Maritimes, qui a son siège à Nice.

Cannes a l'Estérel et le mont Cheiron. Montons d'abord à Grasse ; nous lui devons une visite pour la beauté de sa situation et l'importance de son industrie. Élevée de 325 mètres au-dessus de la Méditerranée, *Grasse* voit se dérouler à ses pieds jusqu'à la mer un tapis de verdure et de fleurs : oliviers, orangers, rosiers, jasmins, violettes, tubéreuses, etc. « La Provence est une gueuse parfumée, » écrivait un peu légèrement dans le dernier siècle le spirituel président de Brosses. — Parfumée, assurément. Mais gueuse ! A Grasse seulement 50 fabriques de parfumerie, pendant le mois de mai, consomment en moyenne *par jour* 45 000 kilogrammes de roses et 15 000 kilogrammes de fleurs d'orangers ! Veut-on savoir combien y vaut l'hectare de terre cultivée en jasmin ? 20 000 francs en moyenne.

Il est vrai que tel de ces hectares rapporte 15 000 francs par an à l'heureux propriétaire enrichi par la *gueuse parfumée !*

De Grasse on voit la *chaîne de l'Estérel* étendre un de ses bras vers le golfe de la Napoule. L'autre va atteindre le golfe de Fréjus, à 36 kilomètres plus loin. Rien de plus pittoresque, même en chemin de fer, que le trajet entre les deux golfes. C'est une succession de rochers rouges, de pins verts, de baies d'un bleu de lapis-lazuli, succession interrompue seulement par des viaducs et des galeries taillées dans le roc. Mais le tout passe trop vite. On devrait s'arrêter à Fréjus pour visiter les monuments romains de la ville favorite de Jules César, *Forum Julii*, et la baie voisine de Saint-Raphaël ? Pourquoi parle-t-on de ce petit port aujourd'hui ? Est-ce parce que là débarqua en

1799 Bonaparte échappé d'Égypte, et parce qu'au même endroit, comme par une dérision du sort, s'embarqua en 1814, pour l'île d'Elbe, Napoléon protégé contre les Français par les commissairse anglais, prussiens et russes? Qui s'en souvient? Mais là pense et écrit — qui l'ignore? — un des hommes qui représentent le mieux, depuis cinquante, ans l'esprit français, c'est-à-dire le bon sens spirituel : Alphonse Karr. De la station d'Agay il faut monter au cap Roux, rocher rouge, énorme, haut de 489 mètres et battu par la mer de trois côtés. C'est le plus beau belvédère de la chaîne de l'Estérel. « Je voyais là comme sous mes pieds, dit Saussure, une prodigieuse étendue de côtes... Il est intéressant pour la géographie physique de suivre la chaîne calcaire qui part de Nice, passe au-dessus de Grasse, se prolonge à l'ouest et renferme la masse des montagnes primitives qui s'étend depuis Cannes jusqu'à Hyères. L'œil se reposait avec plaisir sur la riche et fertile vallée qui sépare ces deux ordres de montagnes. Mais il se relevait ensuite avec admiration sur les cimes neigeuses des hautes Alpes qui couronnent au nord tout cet amphithéâtre. » Saussure admire, comme elle le mérite, cette nature splendide du Midi. Mais sa pensée et son cœur se reportent bien vite sur ses chères Alpes !

Ces montagnes primitives dont il parle, et qui s'étendent jusqu'à Hyères, à la suite de l'Estérel, c'est le *massif des Maures*, celui qu'on a à sa gauche entre Fréjus et Toulon, et qui offre, quand on le voit du chemin de fer, l'aspect d'un groupe compact, ondulé et d'un bleu noir. D'où lui vient son nom ? Des Maures ou Sarrasins qui, pendant plus de cent ans, dans le cours du IXe et du Xe siècle, ont regné en maîtres dans ce massif isolé et sauvage. Venus par mer d'Espagne, ils construisirent sur les hauteurs de Fraxinet ou Freinet une citadelle, une véritable place d'armes. De là, comme les vautours des Alpes, ils planaient sur les vallées voisines et fondaient sur leur proie ; puis ils expédiaient en Afrique, par le golfe de Saint-Tropez, qui pénètre dans l'intérieur du massif, leur butin et leurs prisonniers. Peu à peu s'enhardissant, ils allèrent au loin porter la terreur de leur nom, infestant les passages des Alpes, arrêtant et rançonnant les voyageurs et parfois d'illustres personnages. Il fallut une croisade pour délivrer la chrétienté de ce fléau. Traqués et forcés en 973 dans leur repaire par le comte de Provence, les Maures furent passés au fil de l'épée ou contraints d'embrasser le christianisme. Il est intéressant de visiter à la Garde-Freinet les ruines de l'ancien fort ou fraxinet sarrasin, qui couvrent le sommet d'un rocher d'où la vue embrasse une partie de la chaîne des Alpes et les côtes de Provence. Que les temps sont changés! Le repaire des Maures est aujourd'hui le centre de la fabrication des bouchons de liège et du commerce des marrons! Dans l'intérieur du massif, où l'on peut faire d'intéressantes excursions en prenant pour centre Collobrières, toutes les pentes, toutes les vallées sont couvertes de magnifiques chênes-lièges et d'énormes châtaigniers qui donnent les marrons *de Lyon* et *de Luc*. Bientôt la Compagnie P.-L.-M., en ouvrant un chemin de fer entre Hyères, Saint-Tropez et Fréjus, dotera la France de nouvelles stations d'hiver.

Au-dessus de l'amphithéâtre de collines et de *montagnes moyennes* qui domine le littoral se dresse, éclatante de blancheur, la partie de la grande chaîne des Alpes qui, du col de Cadibone jusqu'au mont Viso, porte le nom d'Alpes Maritimes. Elle sépare la France de l'Italie, ou plutôt le Pô et ses affluents des fleuves ou torrents qui sur l'autre versant tombent dans la Méditerranée. Le *mur de clôture* n'est pas mitoyen entre les deux pays. Lorsque en 1860 a été tracée la nouvelle ligne de démarcation, tandis qu'en Savoie l'Italie a eu la galanterie de faire un peu fléchir la frontière au sud du Mont-Blanc, afin que le dôme fût entièrement français, dans le comté de Nice elle a tenu à garder une partie du côté méridional du mur et le passage du col de Tende. Sachant par expérience que les alliances sont changeantes comme les intérêts, a-t-elle voulu mettre en pratique cette vieille maxime, qu'il faut agir avec nos amis comme s'ils devaient un jour être nos ennemis? Quoi qu'il en soit, si nous ne sommes pas chez nous jusqu'au chaperon du mur, nous avons de quoi nous consoler. Nous pouvons, si le cœur nous en dit, et sans sortir de France, gravir des cimes d'une hauteur respectable de 3000 mètres et plus : dans le département des Alpes-Maritimes, près des sources de la Tinée et du Var, le Tinibras, l'Ubac, le Rabuons, le Pic des Trois-Evêchés, et l'Enchastraye, au pied de laquelle s'ouvre le col de l'Argentière ou de la Madeleine, par où François Ier descendit en Italie pour aller gagner la bataille de Marignan, première du nom; dans les Basses-Alpes : l'Aiguille de Chambeyron, 3400 mètres, le grand Rubren et vingt autres cimes qui sont les dignes satellites de la pyramide du Viso. Mais ces montagnes, en dehors d'un petit cercle de compatriotes et d'amis, sont peu connues, parce que, dans l'immense domaine des Alpes, ce coin a été jusqu'ici délaissé par ses propriétaires et par les visiteurs.

Il y a cependant là-haut, à quelques heures du littoral brûlé et brûlant en été, une *Suisse* où l'on trouve l'air frais, léger et vivifiant des hautes régions, de vertes prairies, des forêts de pins et de mélèzes, des cascades, des torrents bondissants, des *clus* ou défilés sauvages et des gorges pittoresques. Ce qui donne à cette Suisse un caractère, un charme particulier, c'est que d'un côté on y admire les neiges étincelantes des Alpes se détachant sur un ciel presque toujours bleu et serein, tandis que de l'autre le regard plane sur la mer immense ou plonge dans des vallées où fleurit l'oranger. Là seulement on peut jouir de la réunion dans le même cadre des deux plus beaux tableaux du monde : les Alpes et la Méditerranée! La capitale naturelle de cette région alpestre, c'est Saint-Martin de Lantosque, situé à 950 mètres au-dessus de la mer, au confluent de deux torrents qui réunis forment la Vésubie, affluent du Var, et qui descendent du mont Clapier et du Mercantourn, cimes italiennes

de plus de 3000 mètres. On a bâti là depuis quelques années,
ainsi qu'à la Bollène et à Berthemont, des hôtels, des villas,
des chalets où montent dans l'été des Niçois et quelques étrangers. Les vallées supérieures de la Tinée et du Var, du Verdou
et de l'Ubaye dans les Basses-Alpes, offrent aussi des sites
favorables à l'établissement de belles stations d'été, mais encore
dépourvus des ressources qu'on trouve à Saint-Martin de Lantosque. Cela viendra avec le temps et l'aide du Club Alpin français.
Quand les voies de communication, considérablement améliorées depuis l'annexion, seront devenues encore plus faciles,
quand la Suisse des Alpes Maritimes sera plus connue, une
nouvelle source de prospérité s'ouvrira pour ce pays enchanté.
A la *saison* d'hiver succèdera la *saison* d'été; aux bains de mer,
les bains d'air, qu'on utilisera comme à Davos (dans l'*autre*
Suisse) au profit des poitrinaires. Les heureux du monde viendront chercher là un refuge contre les ardeurs de l'été, après
s'être chauffés en hiver au soleil de Cannes, Nice et Menton.
Le littoral est et sera toujours le jardin d'hiver de l'Europe.
Les montagnes qui le dominent en deviendront le jardin d'été.

CHAPITRE XIV

Les Alpes du Dauphiné ne sont point, comme les Alpes Maritimes, une partie intégrante de la grande chaîne internationale. Elles s'en détachent au nord du mont Viso, forment un énorme contrefort qui flanque et soutient le *mur*, et lancent leurs ramifications, leurs pics formidables et leurs glaciers dans toutes les directions, du Piémont aux plaines du Lyonnais, de la Provence à la Savoie, sur les trois départements des Hautes-Alpes, de l'Isère et de la Drôme. Elles sont donc entièrement françaises : premier mérite. Elles ont un caractère particulier, très original, très accentué : second et plus grand mérite. Je n'ai point la prétention de les décrire, ce qui demanderait des volumes ; d'ailleurs je suis loin d'avoir tout vu. Mais je voudrais pouvoir inspirer à tous les Français qui voyagent ou qui voyageront le désir de visiter le Dauphiné. Ils le doivent à leur pays ; ils se le doivent à eux-mêmes.

Ils feront bien de commencer leur visite par le département de l'Isère, où l'on peut, à volonté,

> Passer du grave au doux, du plaisant au sévère,

et de choisir pour première station le calme, frais et riant séjour d'Uriage, après une visite obligée à la belle capitale de la province, Grenoble, dont Uriage est voisin. Quand ils auront admiré les points de vue qui, des quais de

l'Isère, des ponts, du Jardin des plantes et des forts environ-
nants, font tableau de tous les côtés, plusieurs monuments re-
marquables et un des plus riches musées de France, il devra
leur rester un regret, c'est de n'avoir pas vu Grenoble pendant
les splendides fêtes de jour et de nuit qu'elle a offertes aux
Clubs Alpins réunis le 13 et le 14 août 1877.

URIAGE-LES-BAINS.

Uriage, « ce fond d'une coupe parée de verdure et de fleurs, »
donne aux malades la santé par ses eaux minérales et aux bien
portants les plaisirs alpestres par de nombreuses et charmantes
excursions : au château et au parc du comte de Saint-Ferréol,
qui a transformé le pays ; à la cascade de l'Oursière, qui, descendant du glacier de Belledonne, fait un bond de 100 mètres
dans un site ravisant ; à la Chartreuse de Prémol, aujourd'hui
poste de forestiers, belle et austère retraite située à

1074 mètres au milieu de belles forêts de sapins ; à Chanrousse surtout, montagne de 2225 mètres, une promenade pour les dames, qui peuvent monter cinq ou six heures par un sentier facile, afin de conquérir un superbe panorama et de beaux échantillons d'amiante.

Mais la plus belle des ascensions qu'on puisse faire dans cette partie du Dauphiné est celle du pic de Belledonne. Malgré son altitude de près de 3000 mètres et ses pentes de névé, elle est si bien accessible aux grimpeurs ordinaires, qu'une caravane scolaire de Paris y a grimpé en 1878. Le mal est que, l'excursion demandant deux journées, il faut coucher au chalet de la Pra, misérable cabane appartenant, comme la montagne, à la commune de Revel. Nous touchons là du doigt le côté faible du Dauphiné : l'absence, en beaucoup d'endroits, de confortable et même de propreté. Si Belledonne était en Suisse, il y aurait depuis longtemps à cet endroit un grand hôtel. Le Club Alpin français, plus modeste, a voulu y bâtir à ses frais un chalet-refuge propre et convenable, qu'il aurait mis gratuitement à la disposition des touristes. Au lieu du concours qui lui a été prêté ailleurs, il a rencontré une opposition inintelligente ou intéressée et a dû ajourner ses projets. Qu'y a gagné la commune de Revel ? Je ne sais. A coup sûr le Dauphiné y perd beaucoup. Cette ascension de Belledonne, qui, à cause de sa rare beauté, devrait être faite chaque année par des milliers de touristes de toutes les nations, reste le privilège de quelques grimpeurs qui ne reculent pas devant une mauvaise nuit à passer dans le taudis communal. L'escalade de quelques éboulis, puis des pentes de névé conduisent de là aux *pics de Belledonne :* l'un, plus haut de quelques mètres, dangereux et rarement gravi ; l'autre, où s'élève la croix, à 2981 mètres. Admirable observatoire, d'où vous pouvez, par un beau jour, étudier à loisir le Dauphiné sur le gigantesque plan en relief qui se dresse autour et au-dessous de vous. A première vue, c'est un chaos d'aiguilles, de pics, de cols entremêlés de nappes

de neige et de glaciers, dont l'un, celui de Freydane, s'étend à
vos pieds. Mais peu à peu, en vous attachant aux grandes masses
et en négligeant les détails, vous décomposez cet ensemble confus
en un certain nombre de groupes principaux. Voici d'abord
le massif de Belledonne, au sommet duquel vous êtes placé ;
hérissé d'aiguilles, étincelant de neiges, il domine de sa masse
allongée la rive gauche de l'Isère, la belle vallée du Graisivaudan
et la ville de Grenoble ; presque en face, au nord, le massif
de la Grande-Chartreuse, immense forteresse de 120 kilomètres
de tour, ayant pour fossés l'Isère, le Guiers, la Morge, et pour
bastions les cimes de Chamechaude, de la Dent de Crolles, du
grand Som et du mont Granier ; à l'est, le massif des Grandes-
Rousses, qui attire l'attention par l'étendue de ses glaciers et
le pic de l'Étendard ou Costa-Blanc ; au sud-est le puissant
massif de l'Oisans ou du Pelvoux, le plus fier du Dauphiné, un
monde de cimes atteignant ou dépassant 4000 mètres : les
Écrins, le Pelvoux, la Meije, le Rateau et cent autres qui émer-
gent d'une véritable mer de glaces ; au sud, à la limite des
hautes Alpes et de la Drôme, le massif déchiré, ruiné du Devo-
luy, qui dresse encore deux fiers sommets : ceux de l'Obiou et
du mont Aurouze ; à l'ouest, derrière la chaîne calcaire de la
Moucherolle, les montagnes du Royannais et du Vercors, moins
tourmentées et s'abaissant vers la Drôme et le Rhône. Au milieu
de toutes ces grandes masses, serpentent : l'Isère, qui, venant
de la Savoie, donne au Dauphiné sa plus belle et plus fertile vallée ; le Drac et la Romanche, grands torrents fougueux qui,
descendus des hautes Alpes, se réunissent presque à vos pieds,
avant de se jeter dans l'Isère au-dessous de Grenoble ; la Drôme,
rapide dans les montagnes d'où elle sort, calme dans la plaine
fertile qu'elle traverse avant de se jeter dans le Rhône ; enfin
des milliers de petits torrents qui sont comme les veines tribu-
taires de ces grandes artères. Tout cela combiné constitue le Dauphiné, tel qu'on le voit du pic de Belledonne. Enfin
encadrez ce tableau avec les hautes montagnes blanches de

la Savoie, la grande chaîne des Alpes depuis le Mont Blanc jusqu'au Tabor, la longue muraille du Jura et la plaine du Lyonnais, au delà de laquelle se relèvent à l'horizon les lignes bleuâtres des Cévennes et du Forez : voilà le panorama de Belledonne. Dans toutes les Alpes, il y en a peu qui lui soient, non pas supérieurs, mais comparables.

Pénétrons maintenant dans le massif de la Grande-Chartreuse, dont nous avons vu l'ensemble de haut et de loin, et qu'il faut admirer dans ses détails, comme il le mérite. C'est l'excursion classique du Dauphiné, l'une des plus belles et des plus faciles qu'offrent les Alpes. Quand on ne fait pas à pied l'admirable promenade qui commence à Saint-Laurent du Pont et finit à la Chartreuse, on peut suivre en voiture la route hardie et pittoresque qu'a percée en 1854 M. Eug. Viaud, alors inspecteur des forêts et depuis bénédictin à Solesmes. A propos de cette route et du beau chemin forestier ouvert plus récemment entre Grenoble et Saint-Laurent du Pont, on a crié à la profanation, de même qu'un alpiniste anglais a protesté contre les refuges et tout ce qui rend moins difficiles les grandes excursions. Ces conservateurs de la nature sauvage ne rappellent-ils pas des *conservateurs* d'un autre genre dont P.-L. Courier, se moque agréablement ? « S'ils avaient, dit-il, vécu au moment de la création, ils se seraient écrié : Seigneur, conservez le chaos. » Les adversaires des refuges, comme on l'a dit spirituellement, auront toujours la faculté de coucher devant la porte; l'entrée n'est pas obligatoire. Aux détracteurs des routes de montagnes, on peut dire que rien ne les oblige à les suivre. Dans le massif de la Grande-Chartreuse, qui a 120 kilomètres de tour, ils trouvent et trouveront toujours des chemins de piétons à l'état plus ou moins sauvage, entre autres l'incomparable sentier des Sangles, suspendu, sur la paroi du rocher, à plusieurs centaines de mètres au-dessus de l'abîme. Quand on ne veut pas entrer par la porte, on peut donc passer par la fenêtre, au risque de se casser le cou.

La porte n'est point ici une métaphore. Quand on a dépassé la partie inférieure de la vallée, où se trouvent d'un côté les vastes bâtiments qui servaient aux Chartreux de laboratoire et d'entrepôt pour leur fameuse liqueur, et de l'autre des usines métallurgiques, on arrive à une profonde entaille par laquelle le torrent du Guiers-Mort s'échappe de la montagne vers la plaine. « Les Chartreux, dit M. J. Taulier[1], percèrent au vi^e siècle dans le roc le chemin qui existe aujourd'hui. C'est de là que Fourvoirie a pris son nom, de deux mots latins : *forata via* (voie forée, percée). A l'endroit où la route était le plus resserrée entre le torrent et la montagne un pavillon avait été construit. Une double porte fermait le *désert* et l'isolait du

_____
1. *Guide du voyageur à la Grande Chartreuse.*

reste de la vallée. Quand le couvent était propriétaire de tout le pays, un portier veillait sur cette entrée. » Ce qui n'empêchait

PAYSAGE DANS LE DÉSERT.

pas, comme nous l'avons vu, qu'on ne pût pénétrer par d'autres côtés. Au delà s'étend le *désert*, cette vaste enceinte enfermée

entre de hautes montagnes, où Saint Bruno, fuyant les honneurs de l'épiscopat, vint en 1084, avec six compagnons,
cacher sa retraite et sa vie.

De l'entrée du désert jusqu'au couvent, c'est une suite non
interrompue de scènes alpestres : forêts de hêtres et de sapins,
rochers plongeant à pic sur l'abîme, au fond duquel le torrent se brise en écumant; ponts hardis et pittoresques, cascades, échappées de vue, tout est grandiose ou gracieux, et l'on
regrette d'arriver trop vite au plateau, où s'élève, à 977 mètres
au-dessus de la mer, au pied de montagnes abruptes, la Grande
Chartreuse, édifice immense, entouré d'une muraille, et si-
lencieux comme une ville déserte [1].

Je voudrais pouvoir décrire l'hospitalité modeste mais
suffisante que, pour un prix modique, y recevaient tous les
voyageurs, les maisons séparées où chaque religieux vivait seul
toute la semaine, excepté les jours de fête, et composées, au
rez-de-chaussée, d'un atelier et d'un petit jardin clos; au premier étage, d'une cellule et d'un oratoire. La vie des Chartreux
est consacrée à d'austères pratiques, au recueillement, au travail
manuel ou agricole. Les plus sceptiques, en voyant ces hommes
dont beaucoup ont renoncé volontairement à de hautes po-
sitions sociales, éprouvent une impression sérieuse, qui a été
bien rendue par le protestant Töpffer : « Certes, après la Révolution, et en France, dans le pays même de la mobilité et du
changement, c'est un spectacle au moins curieux que celui
de cette petite société d'hommes, qui, fidèles aux traditions de
l'ordre de Saint-Bruno et renonçant à des chances de fortune
ou à des avantages de position, viennent s'ensevelir dans
cette retraite pour y achever, entre les quatre murs d'une
cellule, la somme entière de leurs jours. Hélas! les joies de ce
monde sont si fragiles, si impures ; le bonheur même, là
où il réside, est si passager, menacé de si près, si certainement suivi de déclin, de regret et d'amertume, qu'à consi-
dérer même au point de vue temporel et terrestre la part

1. Depuis 1903 les moines l'ont quittée.

que ces hommes se sont choisie, il se peut encore qu'elle doive
compter parmi les bonnes! »

Un seul chartreux présidait, dans le laboratoire de Fourvoirie, à la fabrication de la liqueur, si appréciée dans le
monde entier. N'ayant plus rien de leurs anciennes propriétés,
locataires, pour le compte de l'État, des bâtiments, dont l'entre-

GRANDE CASCADE DE SASSENAGE.

tien était une charge onéreuse, les chartreux tiraient de la
vente de cette liqueur leur unique revenu. Assurément, si
Saint Bruno revenait, il aurait été surpris de voir ses successeurs devenus des liquoristes. Mais il aurait pardonné, en
voyant le bien qu'ils faisaient avec le produit de cette industrie.
Pas un malheur public ou privé, dans l'Isère et les départements
voisins, qui ne fut soulagé par eux. Saint-Laurent du Pont,
détruit par un incendie, a été rebâti par leurs libéralités; des

églises, des écoles, des hôpitaux ont été construits à leurs frais. Quand nous buvons un verre de cette excellente liqueur, nous faisons donc du bien, à nous d'abord, et par contre-coup aux autres : agréable manière d'être charitable.

On ne peut pas quitter la Grande Chartreuse sans monter au Grand Som (sommet). Cette ascension un peu raide, au travers d'une belle forêt, d'éboulis et de rochers, est si peu dangereuse, qu'elle est faite fréquemment par des enfants. La fatigue est amplement payée par l'admirable panorama qui se déroule à vos yeux de la cime (2033 m.). Vous avez à vos pieds : d'un côté, au fond d'un abîme de 1000 mètres, le couvent avec son enceinte, ses clochers, ses toits rouges ou gris; de l'autre, la nappe bleue du lac du Bourget, gracieusement encadrée; autour de vous les Alpes du Dauphiné, et au premier plan la chaîne de Belledonne; les Alpes de Savoie, que le Mont Blanc écrase de sa masse imposante; à l'horizon les chaînes bleuâtres du Jura et du Lyonnais. C'est la vue du Pic de Belledone, moins étendue, mais presque aussi belle. La descente de la Grande Chartreuse par un autre chemin que celui de Saint-Laurent du Pont, par le Sappey, permet d'admirer la partie de la vallée de l'Isère qui est si célèbre sous le nom de Graisivaudan. Le fleuve serpente entre deux hautes chaînes de montagnes. Dans le bas la vigne, les arbres fruitiers, les villages, les châteaux, qui ont vu naître nombre de Dauphinois illustres : Bayard, Vaucanson, Condillac, Mably, Barnave; plus haut les forêts, les rochers, puis les neiges. Il n'y a peut-être pas une vallée au monde qui réunisse à un degré égal la fertilité, la grâce et la grandeur.

Aux portes de Grenoble commence un autre excursion, moins connue, mais non moins remarquable dans son genre que celle de la Grande Chartreuse. C'est celle des Gorges de la Bourne et de la Vernaison. Elle offre plusieurs beaux tableaux. Le premier, celui de *Sassenage*, à une lieue de Grenoble, est ravissant de grâce, de fraîcheur et de verdure. Le torrent

du Furon, descendu des montagnes de Lans, traverse des
grottes superbes, dont l'une s'appelle le Four des Fées, et fait
une suite de cascades comparables à celles du Giessbach, que
tout le monde va admirer en Suisse. Seulement, autant les
abords du Giessbach sont faciles, agréables, attirants, autant
ceux des grottes de Sassenage sont pénibles et presque dangereux. Les fameuses *Cuves*, c'est-à-dire deux excavations
naturelles qui prédisent, d'après la tradition, la fertilité ou la
stérilité de l'année, selon qu'elles sont plus ou moins remplies
au printemps, étaient rangées parmi les sept Merveilles du
Dauphiné, qui ont perdu beaucoup de leur prestige. Mais il y
en a une dont le prestige, loin de diminuer, augmentera de plus
en plus : cette merveille, c'est le Dauphiné lui-même.

Le second tableau est la route de Sassenage à Villard-de-Lans.
Une vue admirable sur les vallées de l'Isère et du Drac et sur le
massif de la Grande Chartreuse, le défilé appelé les Portes d'En-
gins et plus loin les gorges pittoresques du même nom, les cascades et les chutes du Furon, l'alternative de prairies et de
rochers, tout fait paraître trop court le chemin, quoiqu'il ait
une vingtaine de kilomètres. Villard de Lans, gros village élevé
de 1040 mètres, au pied de la Moucherolle, qui en a 2289, au confluent de la Bourne et du ruisseau de Corençon, adossé à une
vaste forêt de sapins, est dans un site vraiment alpestre et pourrait être une belle station d'été. La forêt de Corençon est le
refuge des derniers ours du Dauphiné. Je n'en ai pas vu ; mais
j'ai vu des ouvriers qui en avaient vu un quelques jours auparavant, sur la route. Descendu de la montagne, il avait traversé
à 50 mètres d'eux la Bourne, peu encaissée à cet endroit, et,
remontant la pente opposée, s'était *assis gravement*, peut-
être *sans penser à rien* ; puis il avait continué son chemin, sans
qu'aucun des ouvriers eût songé à vendre sa peau. Un autre gros
gibier, à plume celui-là, ce sont les aigles-pêcheurs. Perchés
sur les rochers qui dominent la Bourne, ils guettent les truites
qui viennent s'ébattre à la surface de l'eau, et les enlèvent

pour s'en régaler, eux et leurs petits. C'est la pêche au vol.

De Villard-de-Lans à Pont-en-Royans, par les *Gorges de la Bourne*, la route, ouverte en 1874, est une merveille du Dauphiné et des Alpes, un chef-d'œuvre qui honore MM. Chaumartin et Bache, agents voyers auteurs des études, et M. Serratrice, directeur des travaux. Quelles difficultés à vaincre ! Entre les deux bourgs se dresse un massif épais de 24 kilomè-

PONT-EN-ROYANS

tres, si ardu qu'un des passages avait un nom significatif : la montée des Rages. Seule la Bourne avait le privilège de pénétrer dans l'intérieur. Mais que ne peut l'homme avec la science, l'argent et la poudre ? Aujourd'hui les voitures circulent là où la chèvre même ne pouvait poser le pied. La route, taillée dans le roc par des ouvriers qui travaillaient suspendus à des cordes, court à 150 mètres au-dessus de l'abîme, où gronde la Bourne souvent invisible, passe sous des tunnels et des demi-galeries, et saute d'une rive à l'autre par des ponts hardis comme ceux de la Via Mala. Tout cela est saisissant, grandiose sans être triste.

La vue est égayée par de nombreuses cascatelles qui serpentent, en filets d'argent, sur le flanc de la montagne, entre des arbres accrochés à toutes les anfractuosités. Cet admirable défilé, comme cela arrive souvent dans les Alpes, est divisé en deux parties, entre lesquelles trouve place, dans une verte oasis, le hameau de la Balme. La Bourne prend là les allures d'un hon-

LA FORÊT DE SAOU.

nête et paisible ruisseau, avant de se livrer à de nouvelles gambades dans une seconde gorge digne de la première. L'admiration rassasiée se réveille tout à coup à la vue de *Pont-en-Royans*, le plus pittoresque, le plus original et le plus extraordinaire des chefs-lieux de canton. Le dessin seul peut donner une idée exacte de ses maisons suspendues au-dessus de l'abîme, soutenues par des échafaudages et superposées les unes aux autres. C'est une mine inépuisable pour les peintres. Pont-en-

Royans voit se réunir à une grande profondeur les eaux de la Bourne et celles de la Vernaison, torrent qui descend des montagnes du Vercors, en passant par les gorges appelées *les grands et les petits Goulets*. Elles offrent le même genre de beauté et les mêmes travaux d'art que celles de la Bourne. Connues depuis plus longtemps, elles ont été plus souvent décrites ; mais on trouve généralement qu'elles le cèdent en grandeur à celles que nous venons de parcourir. La vallée de la Vernaison donne accès dans la Drôme, vers la ville de Die, les gorges d'Omblèze et la célèbre forêt de Saou, deux des plus grandes curiosités pittoresques du département.

Si nous rentrons à Grenoble et à Uriage par la vallée de l'Isère, nous rencontrons, chemin faisant, deux figures historiques célèbres à des titres bien différents. Les ruines du château de Beauvoir, sur l'Isère, nous rappellent le dernier des seigneurs dauphins, ainsi appelés parce qu'ils avaient un dauphin dans leurs armes. Deux causes contribuèrent à dégoûter Humbert II des grandeurs et du monde. Jouant, dit-on, avec son fils unique André et le faisant sauter dans ses bras près d'une fenêtre du château au bas duquel coulait le fleuve, il eut la douleur de voir l'enfant lui échapper et périr emporté par le courant. D'un autre côté, ses prodigalités, ses dons à l'Église l'avaient mis dans des embarras financiers inextricables. Ne pouvant mettre en gage sa couronne ducale, il la vendit au roi de France, en 1349, moyennant une grosse somme et à la condition que les héritiers du trône porteraient le titre de Dauphins. Depuis ce temps quelle province a été plus française que le Dauphiné ?

L'autre personnage est Mandrin, né près de Romans, et dont le nom est resté populaire dans le pays. Ce n'était point, comme on le croit souvent, un vulgaire voleur de grand chemin, mais un contrebandier en grand, faisant à main armée la guerre aux fermiers généraux, un précurseur du libre échange. Reçu dans les villes par les autorités, qui lui offraient le vin d'honneur, il vendait en détail le tabac ou le sel de Savoie au peuple qui l'adorait, ou en bloc aux représentants de la Ferme, moyennant un prix qu'il fixait et dont il donnait quittance. Enlevé par trahison sur le territoire du duc de Savoie, qui protesta inutilement contre cette violation du droit des gens, il fut condamné et roué à Valence en 1745. « C'était, dit Voltaire, le plus *magnanime* des contrebandiers. Dans les temps anciens il eût été un héros. » Voltaire, ami des fermiers généraux, auxquels il devait sa grande fortune, n'est pas suspect de partialité pour l'homme qui avait été leur ennemi le plus redoutable et qu'ils ont poursuivi même dans sa mémoire, que je ne cherche point du reste à réhabiliter.

Transportons-nous maintenant d'Uriage dans un second centre d'excursions, au *Bourg d'Oisans*. C'est, en dehors des villes, un des endroits du Dauphiné où l'on trouve bon souper et assez bon logis. Nous admirons, en passant à Vizille, le château du connétable de Lesdiguières, qui est depuis longtemps la propriété de la famille Casimir Périer, et où a eu lieu en 1788 le prologue de la Révolution. Nous remarquons aussi les traces encore visibles d'une terrible catastrophe qui remonte à sept siècles. Un éboulement formidable de la montagne vint barrer le cours de la Romanche. La plaine ensevelie sous dix mètres d'eau devint le lac de Saint-Laurent, jusqu'au jour où la Romanche, culbutant les obstacles, renversant tout sur son passage, reprit ses droits et son cours.

Le Bourg d'Oisans est dans une situation des plus heureuses. La Romanche et le Vénéon, qui se réunissent près de là, permettent, d'un côté, de remonter la belle route du mont Genèvre que nous avons suivie; de l'autre, de pénétrer au cœur même du massif de l'Oisans ou du Pelvoux. De tous les côtés, que d'excursions intéressantes : à la cascade de la Sarenne; au lac Lauvitel, encadré dans un cirque de montagnes neigeuses; à l'Alpe de Mont-de-Lans, chère aux botanistes; aux bains d'Allevard et aux Sept-Laux (lacs), élevés de plus de deux mille

mètres; au massif des Grandes-Rousses, dont les glaciers étin-
celants et les pics géants ont été *découverts* de nos jours et sont
encore trop peu visités! Le Bourg d'Oisans, à 729 mètres d'altitude, peut et doit, avec un peu de savoir-faire, devenir une
station d'été, un des centres des Alpes dauphinoises.

ALLEVARD.

Nous nous bornerons à la visite du massif de l'Oisans, qui
est la partie la plus élevée, la plus grandiose et en même
temps la plus sauvage du Dauphiné. Avant l'heureuse révolution qui est due aux Clubs Alpins, il y a trente ans à
peine, cette ancienne petite subdivision de la province était
encore comme à l'état primitif. Jugez-en par deux faits entre
beaucoup d'autres. Un des rares voyageurs qui s'y aventuraient
est arrêté par deux gendarmes, comme suspect d'avoir pris
une qualité qui ne lui appartient pas. Son passe-port, parfaite-

ment en règle, lui donnait celle de *botaniste*. Les gendarmes lisent et comprennent : *bâtoniste*. Le voyageur ne pouvant, et pour cause, exhiber les instruments ni le talent de cette profession, est conduit devant un magistrat, qui reconnaît l'erreur et l'explique, non sans peine, aux gendarmes plus vigilants qu'instruits. Beaucoup plus récemment, un alpiniste distingué de Paris passait la frontière du Dauphiné ; comme il portait en sautoir sa corde à glaciers, il fut pris par les douaniers pour un fumiste. Ils n'étaient habitués à voir passer que des ascensionnistes de cheminées.

Les alpinistes *ont changé tout cela*. Nous n'avons pas dit : « Messieurs les Anglais, *montez* les premiers ; » mais ils ont fait comme si nous l'avions dit. Toutefois il ne faut pas oublier — nous surtout — que les Anglais avaient eu à leur insu des précurseurs français : le capitaine d'état-major Durand, qui en 1828, chargé de dresser cette partie de la carte de France, fit le premier, par devoir, la difficile ascension du Pelvoux, en guidant ses guides ; M. V. Puiseux, qui la refit en 1848, et quelques Grenoblois. L'Oisans n'a donc point été découvert par nos voisins ; mais il a été exploré méthodiquement et révélé par eux. La première relation d'un voyage dans les Alpes du Dauphiné est de M. Forbes, en 1853. Bientôt la France, l'Italie, l'Amérique et la Suisse entrèrent en ligne. Ce fut, entre les *alpinistes* de tous les pays, une course au clocher — un clocher de plus de 4000 mètres. Des passages furent trouvés ou retrouvés à travers les glaciers ; les cimes escaladées les unes après les autres ; des refuges construits par le Club Alpin français (sections de l'Isère et des Hautes-Alpes) et la Société des Touristes du Dauphiné ; des sentiers améliorés ou créés. Guides et livres ne font plus défaut, et aujourd'hui quiconque a le pied montagnard peut admirer, non sans difficultés, cette nature grandiose qui n'a plus de mystère.

La première partie de l'excursion, en partant du Bourg d'Oisans, est facile et riante, surtout quand on approche du pittoresque village de Venosc. Le Vénéon, aux eaux laiteuses, dont on remonte le cours, coule au pied de l'Alpe de Mont-de-Lans, dont la flore est d'une richesse inouïe. En voyant les savants herboriser dans leurs prairies, les habitants ont appris à herboriser eux-mêmes. Les enfants de Venosc naissent botanistes. Les hommes font dans toute l'Europe et en Amérique le commerce des plantes alpines, et y trouvent une mine d'or plus productive que les vraies mines exploitées dans les montagnes voisines. Mais bientôt aux prairies, aux plantes et aux fleurs succède un horrible chaos d'énormes blocs éboulés, ruine d'une montagne entière. C'est le Clapier de Saint-Christophe. Nulle part, je crois, les Alpes n'offrent une pareille scène de désolation et d'horreur. Le torrent et le sentier se faufilent comme ils peuvent dans les interstices des rochers amoncelés, jusqu'au Pont du Diable. — Pour construire tous les ponts qu'on lui attribue partout, le diable aurait dû faire un long séjour sur la terre, s'il n'avait eu à sa disposition des moyens d'action plus expéditifs que n'en ont les ingénieurs ordinaires. — Un peu au-dessus de ce passage, d'un caractère vraiment infernal, est le village de Saint-Christophe, élevé de 1470 mètres, chef-lieu de la vallée du Vénéon et de la commune la plus étendue de France (plus de vingt-quatre mille hectares, dont la plus grande partie consiste en rochers et glaciers). Les voyageurs arrêtés par le mauvais temps à Saint-Christophe seront reconnaissants à la Section de l'Isère du Club Alpin français d'y avoir établi une bibliothèque. Ils en apprécieront l'utilité dans ces longues journées qu'on emploie ailleurs à consulter le baromètre qui ne monte pas et à regarder la pluie qui tombe toujours. Confiée à la garde de l'instituteur, cette bibliothèque est mise aussi pendant l'hiver à la disposition des guides, organisés en corps et brevetés. Quand ces braves gens joignent à leur aptitude professionnelle des connaissances qui leur élèvent l'intelligence et le cœur, ils sont pour *leurs* voyageurs des compagnons et des amis.

C'est aussi à Saint-Christophe qu'a été créé par les soins de la Section de l'Isère le premier poste météorologique des Alpes dauphinoises. Modeste comme les ressources avec lesquelles il a été établi, il ne peut être comparé aux grands observatoires du Puy de Dôme ou du Pic du Midi. Mais les observations qui sont faites chaque jour par l'instituteur sur les sept instruments qu'il possède, et qui sont envoyées à la commission météorologique de l'Isère, contribuent aux progrès de la science. Ces innovations toutes récentes — et ce ne sont ni les seules ni les dernières — transforment peu à peu ce pays, un des plus arriérés de la France. C'est pour cela que je m'attache à l'indication de ces progrès, plus encore qu'au côté pittoresque et descriptif.

De Saint-Christophe il faut encore monter près de trois heures pour atteindre à la Bérarde le fond de la vallée du Vénéon. Dans le trajet « on peut, dit M. Forbes — personne ne récusera ce témoignage d'un étranger — contempler une des plus belles vues alpines que puissent souhaiter les admirateurs des paysages suisses. La perspective terminale de ce panorama est bornée par la pointe des Arsines (Barre des Écrins), qui s'élève immédiatement au-dessus de la Bérarde. La forme de cette montagne est comparable à celle des Aiguilles du mont Blanc. La vallée qui au-dessous s'étend jusqu'au pied du Pelvoux, peut rivaliser d'effet avec l'Allée-Blanche. »

La Bérarde est un pauvre hameau, où les rares voyageurs étaient bien embarrassés de trouver un gîte, avant que la Société des Touristes du Dauphiné eût fait construire son chalet-refuge. Cette importante Société fait, comme la section de l'Isère, d'utiles et heureux efforts pour rendre la visite des Alpes dauphinoises aussi facile et aussi attrayante que possible. Son chalet est ouvert à tous les voyageurs, au prix de 1 franc par nuit. De son côté, la Section de l'Isère, poursuivant le cours de ses bienfaits, a construit à ses frais un sentier conduisant à la Tête de Maye, 2522 mètres, belvédère d'où l'on embrasse

un merveilleux panorama sur un cirque de montagnes gigantesques et de magnifiques glaciers. La Tête de Maye, quand
elle sera plus connue, sera célèbre et visitée comme le cirque
de Gavarnie dans les Pyrénées et comme le Gornergrat en
Suisse.

Il y a vingt-cinq ans, le hameau de la Bérarde était le *bout
du monde*, tant sont effroyables les escarpements contre lesquels se heurte la vue, excepté du côté où le Vénéon coule vers
Saint-Christophe. Aujourd'hui cette barrière n'est plus un ob-
stacle. Depuis que des guides intrépides ont frayé le chemin à
travers les glaciers, elle est fréquemment franchie par les touristes sur plusieurs points de la vallée : au nord, par l'admirable col de la Lauze, menant dans celle de la Romanche ;
à l'est, par les trois cols de la Temple, des Écrins et du Selé vers
la gracieuse vallée de Vallouise, qui descend du pied du
Pelvoux à la Durance ; enfin au sud, par le col du Says et
plusieurs autres dans le Val Godemar, si profondément encaissé, que les habitants sont privés pendant 100 jours de la
vue du soleil. Aussi, dans le village des Andrieux, les anciens
du pays lui offrent le 12 février, pour fêter son retour, une
omelette, qu'ils font sur un pont nommé le pont de l'Omelette.

Tous ces passages sont élevés d'environ 10 000 pieds, traversent de vastes névés ou glaciers et offrent des spectacles
grandioses. Sans vouloir trop atténuer les difficultés, on peut
dire qu'ils sont accessibles, par un beau temps et avec un bon
guide, à tous ceux qui ont l'habitude de la montagne. Le plus
fréquenté de tous, celui qui mérite le plus de l'être à cause de
sa merveilleuse beauté, c'est le col de la Lauze, par lequel on
passe de Saint-Christophe à la Grave sur la Romanche. La
course, faite d'une traite, était longue et fatigante. Deux cha-
lets-refuges construits de chaque côté du passage, l'un par la
Société des Touristes, l'autre par la section des Hautes-Alpes
du Club Alpin français, permettent aujourd'hui de diviser l'excursion et par conséquent la fatigue. La première et la der-

nière partie de la course peuvent même se faire à mulet.
Seulement on trouvait bien les mulets; mais les selles de
dames manquaient. Le Club Alpin français a galamment com-
blé cette regrettable lacune. Le passage du col de la Lauze,
par les glaciers de la Selle et de Mont-de-Lans, n'offre guère
plus de difficultés que celui du Saint-Théodule, — une jeune

Parisienne de quatorze ans l'a fait avec ses parents et son frère
en 1878 — et il est aussi beau. La vue qu'on embrasse du col,
élevé de 3453 mètres, sur les Alpes du Dauphiné, de la Savoie
et de la Suisse, est au-dessus de toute description. Tous ceux
qui veulent jouir d'un spectacle grandiose, sans danger et avec
une fatigue modérée, passeront le col de la Lauze, sans pré-
judice des autres que j'ai indiqués.

Mais si beaux, si élevés que soient ces cols, ils ne peuvent suffire au bonheur des ascensionnistes. Il leur faut, à eux, des pics plus ou moins inaccessibles, et le massif de l'Oisans les sert à souhait selon leurs goûts. Nous ne les suivrons pas, et je n'engage personne à les suivre dans leurs scabreuses expéditions. Mais nous ne pouvons quitter l'Oisans et le Dauphiné sans saluer leurs trois grands colosses : le Pelvoux, la Barre des Écrins et la Meije. Je les nomme, non par ordre de mérite, c'est-à-dire de hauteur, mais suivant l'ordre de leur défaite.

Celui qui a été vaincu le premier, le Pelvoux, a donné son nom à tout le massif, bien qu'il soit un peu inférieur à ses deux rivaux. Au capitaine d'état-major Durand, et par conséquent à la France, revient l'honneur de la première ascension, faite en 1828 dans des conditions très difficiles. Comme on le sait, ce n'est point une curiosité banale ou un amour-propre de grimpeur, c'est le devoir et la science qui l'ont conduit au sommet de cette pyramide de 3954 mètres. Aujourd'hui le Pelvoux reçoit chaque année de nombreux visiteurs, qui profitent des refuges Cézanne, Puiseux et de Provence, établis sur trois points d'attaque par l'active section des Hautes-Alpes du Club Alpin français. Neuf refuges ont été déjà construits par elle; d'autres le seront prochainement.

L'Alpine Club, représenté par M. Whymper — celui qui a échappé miraculeusement à la catastrophe du Cervin — a le premier planté son drapeau en 1864 sur la cime de la Barre des Écrins (4103 m.). C'était la plus haute montagne de France, avant que nous eussions le mont Blanc. De certains points élevés, par exemple du beau col de Galibier, par lequel on passe du Dauphiné en Savoie, on aperçoit à la fois ces deux géants : le Mont Blanc et les Écrins, qui se contemplent face à face, et dont le moins élevé semble dire à l'autre :

Et maintenant, seigneur, expliquons-nous tous deux.

LE MONT PELVOUX.

Restait la Meije, c'est-à-dire l'Aiguille du Midi. Nulle montagne ne mérite mieux ce nom d'Aiguille. Plus haute que le Pelvoux, inférieure aux Écrins de 16 mètres seulement, elle faisait le désespoir des grimpeurs de tous les pays, même des vainqueurs du Cervin. « Il manque à ce bastion le drapeau obligé, écrivait en 1876 Henry Cordier dans l'Annuaire du Club Alpin français. Je connais plus d'un grand enfant qui ferait bien des folies pour pouvoir y planter ce drapeau. » Hélas ! quelques mois plus tard, ce jeune homme, aussi distingué que vaillant, l'honneur du Club Alpin français, périssait non loin de la Meije, dans un passage où nul danger ne semblait à craindre ! L'invincible Aiguille résistait depuis dix-sept ans à tous les assauts, quand, le 16 août 1877, un autre jeune homme de vingt ans, un Parisien, M. Boileau de Castelnau, put dire : « Je suis venu, j'ai vaincu. » Mais au prix de quelles difficultés et de quels dangers ! Il faut lire dans l'Annuaire du Club Alpin de 1878 l'émouvante et modeste relation qu'il a faite de son excursion. Aux chaleureuses félicitations envoyées par l'Angleterre, on aurait pu croire que la France avait pris sa revanche de Waterloo. Bien qu'elle ait été gravie plusieurs fois avec succès depuis lors, la Meije ne tentera jamais les nombreux touristes qui ne recherchent point l'émotion du danger et ne croient pas qu'elle ajoute rien à leurs plaisirs. Les Alpes leur offrent en mille endroits des vues aussi belles, dont ils peuvent jouir sans exposer leur vie. Sans sortir du Dauphiné nous en avons eu la preuve, notamment au pic de Belledonne et au col de la Lauze. Nous l'aurions dans cent autres belvédères.

Je ne fais qu'effleurer les beautés de cette admirable province alpestre. Il faudrait encore y visiter la riante vallée de Vallouise, et le Val Godemar, que j'ai nommés ; le Val Queyras, ou la pittoresque vallée du Guil, qui descend du mont Viso, et le Champsaur, près de Gap. Jadis cette partie supérieure de la vallée du Drac méritait par sa fertilité son nom de Champ d'or (*Campus*

VAL GODEMAR.

PORT QUEYRAS.

auri). Un animal dangereux, d'autant plus dangereux que son air doux et inoffensif inspire la confiance, le mouton, y a porté la ruine et la désolation, en détruisant peu à peu les forêts et en ne laissant que le squelette de la montagne. L'administration des forêts s'ingénie à réparer le mal qu'a causé

LE MONT-AIGUILLE

cet animal terrible. Si l'on continue à regazonner et à reboiser les montagnes, et surtout à interdire la libre circulation à ce vagabond malfaisant, nos petits-fils pourront revoir des forêts là où nos grands-pères en ont vu ; le fléau des inondations cessera, et le pays se repeuplera.

Pour finir notre tour du Dauphiné, revenons de Gap à Grenoble par la montagne, c'est-à-dire par le beau chemin de fer ouvert en 1878. Nous monterons ainsi sans fatigue au col de la

Croix-Haute, à 1118 mètres, pour redescendre sur les bords de l'Isère à 214. Nous passerons près de deux des anciennes Merveilles du Dauphiné : le mont Aiguille, ou mont Inaccessible, dont on fait assez souvent l'ascension, grâce aux câbles qu'y a fait poser la Section de l'Isère ; et la Fontaine-Ardente, source près de laquelle il y a un dégagement de gaz combustibles. Dans ce trajet de cinq heures on ne sait ce qu'on doit admirer le plus, de la beauté des paysages alpestres qui se déroulent sans interruption, ou des travaux d'art qui font de ce chemin de fer une merveille de la science, et par conséquent le plus grand honneur aux ingénieurs de la Compagnie P.-L.-M. surtout au directeur de la construction de toutes ses lignes, M. Ruelle. C'est rendre service aux voyageurs qui vont de Paris à Marseille, et réciproquement, que de les engager, dans leur intérêt, à passer par Grenoble et Gap, par les vallées de l'Isère et de la Durance, plutôt que par celle de Rhône. Le trajet est un peu plus long, mais il est si beau qu'il leur semblera trop court.

Nous voilà revenus à notre point de départ, à Grenoble. Cet aperçu rapide des innombrables beautés des Alpes du Dauphiné, tout superficiel, tout incomplet qu'il est, ne justifie-t-il pas l'admiration qu'elles inspirent à ceux qui les connaissent ? On peut ne pas aimer les Alpes du Dauphiné autant que d'autres parties des Alpes. On ne peut pas ne pas les admirer, et on ne doit pas ne pas les visiter. Mais pour que le Dauphiné soit visité autant qu'il le mérite, il faut que ses admirateurs puissent y voyager avec leurs femmes et leurs filles, et qu'ils y trouvent les mêmes ressources et les facilités qu'en Suisse et en Savoie. Grâce à l'initiative et aux efforts du Touring Club de France, ce vœu commence à se réaliser.

CHAPITRE XV

Notre course à travers les Alpes françaises nous amène à la perle de nos provinces alpestres, à la Savoie. Française par la langue, par l'esprit, par les aspirations, bien qu'elle se soit toujours montrée loyalement dévouée à l'illustre Maison dont elle fut le berceau, elle est rentrée en 1860 dans la grande famille qui est la sienne, avec autant de bonheur qu'elle y a été reçue. Qui de nous n'a été heureux de retrouver 500 000 compatriotes braves, intelligents, honnêtes, avec la province qui a donné saint Bernard de Menthon, le fondateur des hospices du Grand et du Petit Saint-Bernard ; saint François de Sales, le Fénelon du xvi° siècle et l'ami d'Henri IV ; le jurisconsulte Antoine Favre ; Favre de Vaugelas, l'arbitre de la langue française et le premier rédacteur du dictionnaire de l'Académie, les frères Xavier et Joseph de Maistre, le chimiste Berthollet, Sommeiller, le Lesseps des Alpes — je ne cite que les plus connus. Qui de nous ne s'est réjoui de voir notre frontière s'étendre jusqu'aux Alpes, et à l'une des plus belles parties des Alpes ? Je dirais la plus belle, si je ne connaissais la Suisse. Nous ne devons pas, par amour-propre national, exalter notre pays au détriment des autres. Admirons partout ce qui est admirable. La Suisse et la Savoie sont assez bien dotées pour n'avoir rien à s'envier l'une à l'autre. Seulement, la Savoie a sur la Suisse — dirai-je ce désavantage ou cet avantage ? — qu'elle est en partie inconnue. Mettons à part le Mont Blanc, que bien des touristes donnent trop généreusement à la Suisse. Mais qui connaît, en dehors de la Savoie et des Clubs Alpins, le mont Pourri ou Thuria, la Grande Casse, la Grande Sassière, la Grande Motte, et d'autres montagnes de premier ordre, ainsi que le glacier de la Vanoise, un des plus grands et des plus beaux des Alpes? Combien de Français, même parmi ceux qui voyagent — c'est le petit nombre— savent que le lac chanté par Lamartine est le lac savoyard du Bourget? On visite les lacs suisses et italiens, rarement celui d'Annecy, qui les vaut bien ; les gorges du Trient, mais non celles du Fier et de la Diosaz. Il y a donc pour beaucoup de Français de belles découvertes à faire dans cette partie de la France. Et combien d'avantages s'ajoutent à la nouveauté! L'aménité et la bonhomie des Savoyards — répudions, comme nos compatriotes, le nom mal fait de Savoisiens — la modération relative des prix des hôtels — Chamonix à part, où il y a parfois plus d'appelés que d'élus — et l'excellence des guides. Enfin la langue française est la seule du pays, et un batelier du lac d'Annecy m'a appris qu'on ne l'enseignait bien qu'à Chambéry. A ce propos on rit encore, doucement, en Savoie, de la mésaventure d'un jeune fonctionnaire qui y fut envoyé peu de temps après l'annexion. Sachant qu'il allait dans une province détachée du Piémont, il avait emporté dans son bagage et étudié en route le dictionnaire italien. En débarquant à l'hôtel il demanda *una buona camera* (une bonne chambre). On lui répondit dans le plus pur français qu'on ne comprenait pas l'italien. Heureux qu'on ne lui ait pas dit, comme un hôtelier de Florence à un de mes compagnons de voyage, qui parlait italien avec l'accent français : « Nous ne comprenons pas l'anglais ! »

Tout nous invite donc à visiter la Savoie. Les centres d'excursions y sont aussi nombreux que beaux. Je choisis dans le département de la Savoie : Aix-les-Bains, près du lac du Bourget, Albertville sur l'Isère, et Pralognan en Tarentaise.

dans celui de la Haute-Savoie : Annecy, Chamonix et Evian.
Ces stations réunissent tous les avantages. Si l'on consacre à
chacune d'elles au moins une semaine bien employée, on aura
fait un voyage autour de la Savoie, plus grand que le *Voyage
autour de ma chambre*, de Xavier de Maistre, mais aussi charmant et plus pittoresque.

VALLÉE DE L'ISÈRE.

Nous voici installés dans un de ces hôtels d'Aix, entourés de
jardins, qu'on prendrait pour des villas. Hâtons-nous de visiter
le grand établissement thermal, insuffisant pour la foule cosmo-
polite qui s'y presse chaque année, puis les monuments qu'ont
laissés les Romains, ces grands amateurs d'eaux minérales, et
parcourons les environs, si gracieux, si riches en excursions.
Les premières visites sont dues au lac du Bourget, à la Dent
du Chat et au Grand Revard.

Le *lac du Bourget*, séparé de la ville par une longue colline verte, est cette nappe bleue et limpide que nous avons vue à nos pieds du haut du Grand Som. Il est resserré, comme un grand fleuve, entre la muraille presque à pic du mont du Chat et des collines couvertes de vignes, de prés et de vergers. Au milieu de ses eaux s'élevaient dans les temps antéhistoriques ces curieuses habitations lacustres, bâties sur pilotis, où les hommes de l'âge de pierre se mettaient à l'abri des bêtes féroces et surtout de leurs semblables. Les barques qui le sillonnent aujourd'hui mènent les promeneurs au château de Bordeau, ou Bourdeau, où Lamartine a composé cette délicieuse mélodie appelée le *Lac*, et à l'*Abbaye de Hautecombe*, « tombeau des princes de la maison de Savoie, qui s'élève sur un contrefort de granit au nord et jette l'ombre de ses vastes cloîtres sur les eaux du lac[1] ». Les sépultures de ces princes marquent les diverses étapes de leur fortune. Ducs de Savoie, ils reposent à Hautecombe; rois de Sardaigne, à l'église de la Superga, près de Turin; rois d'Italie, à Rome, dans l'ancien Panthéon d'Agrippa, où Victor-Emmanuel occupe le premier tombeau.

Au-dessus du lac et du château de Bordeau se dresse la *Dent du Chat* — bien nommée — espèce de crochet pointu, de 1616 mètres de haut. Il y a peu de temps encore on grimpait au sommet de cette pyramide par une *cheminée* où les mains servaient autant que les pieds. Les travaux exécutés aux frais de la Section de Chambéry du Club Alpin ont rendu cette petite ascension aussi facile qu'agréable. La vue qu'on découvre de la Dent du Chat sur les Alpes, la Savoie et le Dauphiné est fort belle. Celle du *Grand Revard* est supérieure. C'est un nouveau belvédère alpestre, au-dessus d'Aix, rendu facilement accessible depuis 1876 par les soins des alpinistes de cette ville. On peut maintenant monter sans fatigue, en quelques heures, à ce balcon, d'où l'on jouit d'un splendide spectacle.

1. Lamartine, *Raphaël*.

Une promenade d'une demi-heure en chemin de fer conduit les touristes et les baigneurs à Chambéry, l'aimable capitale de la Savoie, assise gracieusement au milieu d'un bassin si riant, que Chateaubriand le compare à la belle plaine du Taygète, en Grèce. En dehors de la ville, deux excursions sont classiques : l'une aux Charmettes, modeste maison de campagne rendue célèbre par J.-J. Rousseau, qui y passa les seules années heureuses de son existence tourmentée; l'autre, à la *Dent de Nivolet*, couronnée par une croix monumentale. Le panorama est à peu près le même que celui du Grand Revard, mais il embrasse mieux le curieux massif des *Beauges*. C'est un plateau élevé de 1000 mètres, à cheval sur les deux départements de la Savoie et de la Haute-Savoie, et formant comme une immense forteresse dont le Nivolet est le bastion avancé; pays de pâturages, « qui constitue au sein même de la Savoie, une Savoie à part, où vit une population ayant son cachet original comme le pays qu'elle habite[1] ». On retrouve encore l'ancienne vie patriarcale dans cette petite république, qui ne connaît que deux industries : celle des *vacherins*, fromages aussi estimés que ceux de la Gruyère, et celle des ustensiles en bois appelés *l'argenterie des Beauges*.

D'Aix et de Chambéry le chemin de fer nous transporte, trop rapidement, à notre deuxième station, *Albertville*. Avant de s'engager dans la vallée de l'Isère, la voie ferrée longe la base du mont Granier ou Grenier, qui appartient au massif de la Grande Chartreuse, et elle côtoie de petits lacs et des monticules nommés les Abîmes de Myans. Là eut lieu, en 1248, une terrible catastrophe. Une partie de la montagne s'écroula et ensevelit sous ses débris la ville de Saint-André, plusieurs villages et 5000 habitants. Comme la vallée s'appelle la Cave, à cause de ses riches vignobles, cette catastrophe a donné lieu à ce dicton populaire : que *le grenier est descendu dans la cave.* Malheureusement les vignerons étaient dans la *cave* au moment où elle se produisit.

1. F. Descotes, *Annuaire du Club Alpin*, 1876.

Nous arrivons à Albertville, notre deuxième étape en Savoie. Cette jolie sous-préfecture est formée de deux bourgs séparés par l'Arly : Hôpital et Conflans, réunis par Charles-Albert en une ville qui prit son nom. Elle est très heureusement située au débouché des trois vallées de l'Arly, du Doron et de l'Isère et comme dans un carrefour alpestre. En descendant l'Isère, on gagne Chambéry et Grenoble ; en la remontant, le Petit Saint-Bernard et les glaciers d'où elle sort. L'Arly ouvre une route facile, et charmante d'Albertville à Chamonix par Ugine, Mégève et Saint-Gervais. Par le Doron (plusieurs torrents de Savoie portent ce nom) on monte à Beaufort, bourg dont l'aspect rappelle Pont-en-Royans, et à Hauteluce, que trois cols relient aux vallées voisines. Enfin Albertville n'est séparé de l'extrémité méridionale du lac d'Annecy que par le col et la gorge pittoresque de Tamié. Tout ce coin de la Savoie est frais, vert, riche en excursions faciles, variées et neuves. C'est avec raison qu'un Savoyard des plus distingués a écrit : « Albertville est sans contredit appelée à devenir en Savoie le centre le plus important, d'où rayonneront les touristes, quand nos vallées seront mieux connues et plus fréquentées [1]. »

Au-dessus d'Albertville commence une autre partie de la Savoie, non moins neuve, mais bien plus grandiose : c'est la Tarentaise, ou la haute vallée de l'Isère. Quand elle sera connue autant qu'elle le mérite, elle sera visitée et admirée comme celle du Chamonix. De Chambéry, ou d'Annecy, la voie ferrée, passant par Albertville et remontant la vallée d'un caractère alpestre que parcourt l'Isère, conduit à *Moutiers*, ancienne capitale de la Tarentaise, blottie au fond d'un cirque de hautes montagnes. Devenue une simple sous-préfecture, elle a gardé de sa grandeur ancienne son évêché et son académie. Le voisinage des eaux de Salins et de Brides lui donne en été beaucoup d'animation. — La Savoie, comme le Dauphiné, abonde en eaux minérales dont la répu-

1. J. Martin-Franklin, *Annuaire du Club Alpin*, 1875.

tation est faite ou se fait. — Gagnons *Pralognan*, notre
centre d'excursions pour la Tarentaise. Une route charmante

DÉFILÉ DES GORGES DU DORON.

y monte en quelques heures de Moutiers, le long du Doron,
deuxième du nom.

14

La nature a été prodigue pour *Pralognan* comme pour Chamonix, Grindelwald et Zermatt : situation pittoresque et salubre, à 1424 mètres d'altitude, à la jonction du Doron et de la Glière, vertes prairies, sombres forêts étagées, cascades, montagnes variées de hauteur, de forme et d'aspect, couronnées de splendides glaciers. Pralognan a déjà une au-

MOUTIERS

berge convenable et un aubergiste intelligent; les hôtels viendront. Comme Chamonix, Pralognan abonde en promenades, en excursions moyennes et en grandes ascensions, selon les goûts et les forces de chacun. A deux pas, dans une belle forêt de sapins, est une cascade, celle de la Fraisse, qui ferait la fortune d'un village suisse et qui attend son peintre. Au premier rang des ascensions moyennes sont celles du Mont Blanc de Pralognan et du Mont Jovet. Ce Mont Blanc, une miniature de

celui de Chamonix, n'a que 2685 mètres; et la moitié de l'ascension est faite avant d'être commencée, puisque le point de départ est à 1424 mètres. C'est le meilleur observatoire pour voir de
près et de face la partie centrale, la plus belle, du puissant *massif de la Vanoise*, ensemble de hautes montagnes et de vastes
glaciers qui se dresse sur une longueur de 30 à 35 kilomètres
entre les vallées de l'Isère et de l'Arc, ou la Tarentaise et la
Maurienne. La vue qu'on a du Mont Blanc de Pralognan
rappelle celle du Brévent, à Chamonix. Préférez-vous un panorama moins sévère et plus varié? Vous monterez sans fatigue,
en trois heures, de Bozel, bourg pittoresque situé à mi-chemin
entre Moutiers et Pralognan, au sommet arrondi du mont Jovet
ou Jouvet. De ce belvédère isolé, élevé de 2563 mètres, le regard embrasse un des plus beaux panoramas circulaires qu'offrent les Alpes. Il s'étend jusqu'au Mont Blanc et aux Alpes
suisses d'un côté, et de l'autre jusqu'à celles du Dauphiné.
Au milieu et plus à portée pyramident les fières Aiguilles de
la Tarentaise, qui rivalisent entre elles de blancheur et d'élévation. Elles sont moins célèbres, mais non moins belles que celles
de Chamonix.

Les ascensionnistes éprouvent dans cette région alpestre l'embarras des richesses. Laissons-leur le dangereux honneur des
grandes ascensions, et contentons-nous de monter à pied ou
à mulet au col de la Vanoise, qui relie Pralognan à Thermignon,
village de la vallée de l'Arc. On peut dire sans exagération que
ce col égale ou surpasse en beauté les plus vantés de la Suisse.
Il passe entre la *Grande Casse* à gauche, aiguille formidable
de 3861 mètres, du sommet de laquelle, comme de celui de la
Jungfrau, descend une coulée de glace, et à droit l'immense
glacier de la Vanoise, qui se termine de tout côté en pentes très
engageantes. Sa croupe éblouissante s'élève doucement jusqu'au
dôme de Chasseforêt, pointe de rocher perdue comme un îlot
dans une mer de glace et d'où la vue est féerique. Récemment
encore la traversée de ce passage était un peu longue et fati-

gante. On trouvait, il est vrai, après avoir franchi le point culminant, 2527 mètres, et après avoir côtoyé plusieurs lacs, les
chalets d'Entre-deux-Eaux, habités dans l'été seulement,
offrant bon souper et assez bon gîte. La section de la Tarentaise, du Club Alpin, vient de bâtir au col même non pas un
simple refuge, mais un grand et beau chalet, avec un étage et
deux chambres garnies de leur mobilier, ou *peu s'en faut*. La
porte en est ouverte à tous les touristes. Ils peuvent désormais
jouir à leur aise, et en prenant leur temps, des beautés de cet
admirable passage.

Pour achever la visite de la Tarentaise on peut, du col de la
Vanoise, au lieu de passer dans la Maurienne en suivant un
troisième Doron très torrentueux, gagner, non sans fatigue, la
haute région d'où descend l'Isère, et qu'on aborde facilement en
venant de Moutiers. Du glacier de la Galise, où l'Isère prend sa
source près de la frontière italienne et du fameux mont Iseran,
qui, après examen, s'est trouvé être un col, jusqu'à Bourg-Saint-
Maurice, au pied du Petit Saint-Bernard, cette partie de la vallée, ou val de Tignes, est une ravissante promenade. Toutes les
merveilles de la grande nature alpestre y sont accumulées.
Quand les touristes — surtout les Français — mieux informés
cesseront de suivre les sentiers battus, ils viendront là admirer
le charmant lac de Tignes, dominé par le glacier de la Grande-
Motte, et plus bas cette belle pyramide de glace qui a le malheur de s'appeler le mont Pourri — d'autres disent Thuria —
enfin toutes les scènes grandioses ou gracieuses qu'offre
partout la Tarentaise.

Transportons-nous maintenant du département de la Savoie
dans celui de la Haute-Savoie, et d'abord à *Annecy*, qui en est
à la fois le chef-lieu et le centre pittoresque. « Quel joli endroit,
dit Töpffer, qu'Annecy, ce petit pays retiré, verdoyant, avec
son lac à lui, et tout autour ses vergers frais, des vallons
montants et des cimes à portée! » Vue du lac et à distance,
Annecy, avec son château sur la hauteur, rappelle la ville

LE LAC D'ANNECY.

suisse de Thun. Pénètre-t-on dans l'intérieur, les canaux où les vieilles maisons baignent leur pied, et les petits ponts qui enjambent d'un bord à l'autre font penser à Venise. L'ensemble est charmant. Quand la ville, le lac et les montagnes étaient illuminés pour la fête donnée, en août 1876, aux Clubs Alpins d'Angleterre, d'Italie et de Suisse par les sections de Savoie, cadre et tableau, tout était féérique. Bientôt ce *petit pays ne sera plus retiré*. Le chemin de fer qui a relié les lacs du Bourget et d'Annecy à la vallée de l'Arve, à Chamonix et au lac de Genève (rive française), établira dans cette partie de la Savoie un grand courant de voyageurs.

Le *lac d'Annecy* est ravissant, et cependant il ne ressemble point aux lacs suisses. Ses eaux limpides sont d'un bleu plus foncé, sans que la science ait encore expliqué cette coloration particulière. La lumière est plus transparente et plus chaude. Malgré la fraîcheur de la végétation, elle donne la sensation du midi. Enfin, les montagnes qui l'encadrent dans sa partie méridionale, au lieu d'être parallèles, sont perpendiculaires à sa longueur, et forment comme les coulisses d'un théâtre. Le tour du lac en bateau à vapeur est un enchantement; mais il dure trop peu, comme tous les enchantements. Pour justifier mon admiration auprès de ceux qui pourraient la croire exagérée, j'invoquerai encore — le lecteur ne s'en plaindra pas — le témoignage non suspect de Töpffer, qui cependant, comme tous les Génevois, était justement fier de son beau lac Léman. « Que d'endroits sur cette côte où l'on voudrait pouvoir, sinon vivre, du moins séjourner durant les beaux jours, pour s'y imprégner de calme, pour s'y nourrir de contemplative méditation et de douce mélancolie! Artiste, il y a de quoi s'éprendre de cette nature et lui donner son cœur et ses journées. Poète, écrivain, romancier, il y a de quoi faire vœu de venir y achever son travail au milieu de ces bois qui apaisent, auprès de ce lac qui épure, en vue de Menthon, de Talloires, de ce rivage prochain que domine, tantôt sourcilleuse, tantôt empourprée, la

cime de la Tournette. » Cette montagne, qui arrête tout d'abord
les regards, est la souveraine incontestée de cette région
alpestre. Quand toutes les autres sont dans l'ombre, les premiers et les derniers rayons du soleil dorent son sommet, que
couronne un énorme rocher à pic qu'on appelle le Fauteuil.
C'est un trône haut de 2357 mètres, rembourré de neige, où
tout le monde ne peut pas aller s'asseoir

LE VAL DE FIER.

Voisin et rival de la Tournette, le Parmelan offre à ses
visiteurs, outre un panorama splendide, sa mer de rochers
ou *lapiaz* qui lui donne un cachet particulier. La surface
rocheuse, crevassée comme un glacier, bouleversée à perte de
vue jusqu'à la zone des paturages, est sillonnée de glacières naturelles, dont quelques-unes, comme la Caverne de l'Enfer, ap-
provisionnent Turin.

Mais de tous les belvédères où l'on peut monter d'Annecy, le plus fréquenté, le plus beau, est le Semnoz, *une cime à portée*, comme dit Töpffer. Son sommet arrondi, vert tapis de gazon, porte maintenant un confortable hôtel, où ceux qui aiment à la fois les panoramas et leurs aises, peuvent admirer de leur lit le lever du soleil sur le mont Blanc. Le Semnoz est appelé le Righi de la Savoie. Il mérite ce nom, et beaucoup de touristes — même non Savoyards — préfèrent son panorama à celui du Righi suisse.

Du Semnoz, et plus facilement d'Annecy, on va admirer dans le voisinage une autre merveille de la Savoie : les *gorges du Fier*. Ce torrent, qui porte un nom significatif, s'est ouvert avec le temps, au travers d'une chaîne de rochers qui lui barrait le passage, un étroit et profond canal, long de 250 mètres. Jamais on n'avait pénétré dans ces abîmes, lorsque en 1869 un architecte entreprenant d'Annecy, M. Marius Valin, construisit, à l'aide d'une souscription locale, un pont latéral suspendu comme un fil le long de la paroi du rocher, entre le torrent et le ciel. En admirant de là les sublimes horreurs des gorges, on a, sans le moindre danger, la sensation de la peur. Le succès a été digne de l'entreprise. Les actionnaires, qui avaient souscrit par patriotisme, ont enrichi leur pays et s'enrichissent eux-mêmes. Ils ont fait une bonne action et une bonne affaire. L'établissement des galeries a coûté 27 000 francs. La moyenne des recettes annuelles — on perçoit 1 franc à l'entrée — est de 10 à 12 000 francs. Quelle éloquence dans ces chiffres ! Si, au sortir des gorges, nous descendions le *Val de Fier* par la belle route ouverte depuis l'annexion, nous arriverions par un défilé long de 4 kilomètres, presque aussi sauvage qu'elles à Seyssel, sur le Rhône, après avoir franchi la Porte de Fier. C'est, du côté de l'ouest, la véritable porte de la Savoie, l'entrée des touristes.

Revenons en quelques minutes de la station de Lovagny à Annecy, prenons congé de la ville et du lac comme d'amis que

GORGES DE LA DIOZAZ.

nous reverrons, et gagnons Chamonix par le *col des Aravis*. C'est une route encore peu connue; mais elle vaut celles qui le sont depuis longtemps, et elle a le mérite d'être aussi facile que belle. Après avoir admiré au col la chaîne du mont Blanc, qui se laisse mieux voir d'un peu loin que de près, nous rejoignons à Flumet le chemin qui part d'Albertville. A Mégève nous pouvons, en nous promenant, monter au mont Joli, encore un des beaux belvédères des Alpes, ou descendre directement au grand établissement thermal de Saint-Gervais-les-Bains, sans perdre de vue les glaciers qui resplendissent a travers la sombre verdure des sapins. Nous irions à Chamonix par la route nouvelle qui remonte la rive gauche de l'Arve, ou mieux encore par le charmant col de Voza, si nous ne devions d'abord visiter près de Servoz, sur l'ancien chemin de la rive droite, une nouvelle merveille de la Savoie : les *gorges de la Diozaz*. Découvertes par le regretté Achille Cazin, physicien et voyageur distingué, membre de la direction centrale du Club Alpin, elles ont été livrées en 1875 à l'admiration des touristes. Elles sont plus longues, plus variées, d'un effet plus saisissant que celles du Fier et du Trient. Chacune des trois a sa beauté propre; celles de la Diozaz méritent, à mon avis, la préférence. Achille Cazin a bien mérité de la Savoie et des voyageurs.

On ne décrit plus, on ne vante pas *Chamonix*, lieu de pèlerinage obligé pour tous ceux qui visitent les Alpes. Là se trouve réuni, comme à souhait, tout ce qu'elles ont de plus grand et de plus beau. Le petit village où, en 1741, les Anglais Pockoke et Whyndham pénétraient les premiers, armés jusqu'aux dents, où Saussure logeait en 1786 chez la femme du notaire, *qui louait des chambres fort propres*, est aujourd'hui une ville de grands hôtels, à peine suffisants pour la foule qui, de tous les coins du monde, vient chaque année saluer le roi des Alpes, le Mont Blanc. Le géant perd beaucoup à n'être vu que de Chamonix. Il est trop haut, et le spectateur trop bas, quoique à une altitude de 1050 mètres. Montons sur le versant opposé, aux trois balcons superposés à des étages différents: *la Flegère, le Brévent, le Buet.* De là nous embrassons dans toute son étendue ce prodigieux ensemble de rochers et de glaces qui constitue le massif culminant des Alpes et de l'Europe. A nos pieds la verte vallée de l'Arve, depuis le *col de Balme,* où elle commence, jusqu'aux gorges de la Diosaz; devant nous les cinq glaciers de *Taconnay,* des *Bossons,* de *la Mer de Glace,* d'*Argentière* et du *Tour,* qui descendent parallèlement comme cinq fleuves solidifiés; au-dessus d'eux, ce réservoir de glace de 168 kilomètres carrés, qui couvre le versant français du massif; rangées à la suite les unes des autres, ces formidables *Aiguilles du Gouté, du Midi, de Charmoz, du Dru,* l'*Aiguille Verte,* etc., qui semblent vouloir à l'envi se hausser jusqu'au maître dont elles sont les satellites, et pour couronnenent, le Mont Blanc, qui domine tout de sa masse écrasante! Quel tableau! Quand, l'admiration apaisée, on est redevenu maître de soi-même, on suit du regard, on étudie les trois routes par lesquelles se fait la célèbre ascencion : celle du milieu, la plus directe et la plus dangereuse, par laquelle, en 1786, les deux Savoyards Jacques Balmat et le D^rP accard; puis Saussure l'année suivante, atteignirent enfin la cime, à 4810 mètres, objet de leur ambition; la seconde, à gauche, par le *Corridor* et le *Mur de la Côte;* la troisième, à droite, par l'*Arête des Bosses,* pressentie par Balmat, découverte de nos jours, et la plus suivie maintenant. Il est rare qu'on n'aperçoive pas, sur l'une ou l'autre de ces deux routes, quelques points noirs qui représentent une cordée d'ascensionnistes.

Nous ne sommes plus au temps où l'impératrice Joséphine, avec deux ou trois dames d'honneur, prenait soixante-huit guides pour aller au *terrible Montanvers,* comme on disait. Aujourd'hui, le Montanvers, *la Mer de Glace,* le *Mauvais pas,* le *Chapeau,* la *Source de l'Arveeyron,* le *Jardin* même, ce rocher qui, au milieu d'un cirque de glaciers, se couvre en août de gazon et de

fleurs, sont des promenades qui ne suffisent plus aux touristes
les plus modestes. Ceux qui ne montent pas au mont Blanc
vont au moins jusqu'aux *Grands Mulets*, rocher perdu au
milieu des immenses glaciers qui descendent de la cime même.
Un Anglais l'a appelé l'Hôtel royal des Grands-Mulets. C'est
l'étape obligée de l'ascension dont j'ai dit les dangers. Ceux

ROCHER ET CABANE DES GRANDS MULETS.

qui se contentent d'y passer la nuit un peu fraîchement, à
3050 mètres de haut, jouissent d'un panorama merveilleux,
moins étendu sans doute, mais plus distinct que celui du sommet, et d'un spectacle incomparable, au coucher du soleil,
lorsque le dôme d'argent s'illumine d'un rouge de pourpre
auquel succède le rose le plus tendre, puis une pâleur mate et

blafarde. Si, pour surcroît de bonheur, la lune vient plus tard répandre sa douce clarté sur ce monde fantastique dont le silence n'est troublé que par le bruit des avalanches de séracs, on emporte de cette excursion, la plus belle que puissent faire à Chamonix des alpinistes de force moyenne, une impression que rien ne peut effacer.

C'est ici, à ne consulter que la gradation d'intérêt, que devrait se terminer notre tour de Savoie. Mais il serait incomplet si nous ne parcourions pas rapidement cette dernière partie qu'on appelle le *Chablais*, et qui s'étend du *Faucigny* (vallée de l'Arve) à la rive méridionale du lac de Genève. De Chamonix à Evian, notre dernière station, le chemin le plus pittoresque, le seul qui ne sorte pas de France, franchit le col du Brévent, puis celui d'Anterne, qu'a rendu populaire une des *Nouvelles génevoises* de Töpffer, et descend rapidement dans la vallée de *Sixt* ou de *Giffre*, qui paraît belle, même au sortir de celle de Chamonix. Elle se termine par le *Fer à cheval*, cirque colossal d'où se précipitent une trentaine de cascades. De Sixt à Evian c'est un fouillis de montagnes et de vallons qui descendent au lac de Genève avec la Dranse, ou plutôt les Dranses — car il y en a trois, comme il y a trois Doron dans la Tarentaise. — A Evian, comme à Saint-Gervais, à Aix, à Uriage, la beauté du site ajoute à l'efficacité des eaux. C'est le verger de la Savoie, encadré entre les Alpes et la mer bleue du Léman. Il avait bien choisi sa retraite, Amédée VIII, qui, après avoir porté, puis déposé volontairement la couronne ducale et la tiare des papes, vint mourir, cardinal, dans la chartreuse de *Ripaille*. En dépit du proverbe (faire ripaille) et d'un vers de Voltaire, cette retraite, où il vécut avec six sexagénaires, fut celle d'un sage et non d'un voluptueux.

Après nous être reposés à Evian, en faisant l'ascension de la *Dent d'Oche* et des *Cornettes de Bise*, nous achèverons notre voyage soit à Genève, soit à Annecy. Mais chemin faisant nous passerons par *Thonon*, dont la terrasse domine le lac, par la

Tour des Allinges dont nous nous ferons conter la légende, et par le *Salève*, dernier belvédère des Alpes françaises. C'est là que nous dirons non pas adieu, mais au revoir, au mont Blanc et à la Savoie, « qui est chère à ceux qui l'habitent et le devient à ceux qui la traversent ».

FIN

TABLE DES MATIÈRES

FIN DE LA TABLE DES MATIÈRES.

118-04. — Coulommiers. Imp. Paul BRODARD. — 3-04.

9 782019 948542